DROIT ROMAIN

LE CONCEPT DU VOL

DANS LE DROIT ROMAIN

DROIT FRANÇAIS

ÉTUDE THÉORIQUE ET PRATIQUE

SUR LES CONDAMNATIONS CONDITIONNELLES

(LOI BÉRENGER)

THÈSE POUR LE DOCTORAT

PRÉSENTÉE ET SOUTENUE

Le 27 Novembre 1894

DEVANT LA FACULTÉ DE DROIT DE LYON

Par Lucien TREPPOZ

Substitut de l'Avocat Général près le Tribunal Supérieur de Monaco

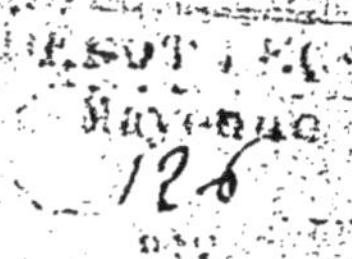

PARIS

CHEVALIER-MARESCQ ET Cie, EDITEURS

20, RUE SOUFFLOT, 20

1894

DROIT ROMAIN

LE CONCEPT DU VOL

DANS LE DROIT ROMAIN

DROIT FRANÇAIS

ÉTUDE THÉORIQUE ET PRATIQUE

SUR LES CONDAMNATIONS CONDITIONNELLES

(LOI BÉRENGER)

THÈSE POUR LE DOCTORAT

PRÉSENTÉE ET SOUTENUE

Le 27 Novembre 1894

DEVANT LA FACULTÉ DE DROIT DE LYON

Par Lucien TREPPOZ

Substitut de l'Avocat Général près le Tribunal Supérieur de Monaco

PARIS

CHEVALIER-MARESCQ ET Cⁱᵉ, EDITEURS

20, RUE SOUFFLOT, 20

1894

FACULTÉ DE DROIT DE LYON

M. CAILLEMER, O. ✻. Doyen, correspondant de l'Institut, professeur de droit civil;

MM. THALLER, professeur honoraire;

MABIRE, professeur de droit civil;

GARRAUD, professeur de droit criminel;

APPLETON, professeur de droit romain;

FLURER, professeur de droit civil;

ROUGIER, professeur d'économie politique;

ENOU, professeur de droit administratif;

AUDIBERT, professeur de droit romain;

COHENDY, professeur de droit commercial;

BERTHÉLEMY, professeur d'histoire du droit;

PIC, agrégé, chargé du cours de législation industrielle;

BARTIN, agrégé, chargé du cours de procédure civile;

SOUCHON, agrégé, chargé du droit commercial comparé;

BLONDEL, chargé des fonctions d'agrégé, en congé;

BECQ, secrétaire;

NICAUD, bibliothécaire.

JURY DE LA THÈSE

Président : M. GARRAUD, professeur.

Suffragants : { MM. APPLETON, professeur.
BERTHÉLEMY, professeur.
PIC, agrégé.

DROIT ROMAIN

LE CONCEPT DU VOL

DANS LE DROIT ROMAIN

INTRODUCTION

L'extension donnée à la conception pénale la plus importante peut-être au point de vue pratique, celle du *furtum*, constitue l'un des traits caractéristiques du droit pénal romain. Sous cette qualification, il comprenait les diverses formes d'appropriation frauduleuse de la chose d'autrui, que l'analyse plus complète de la science moderne s'est habituée à distinguer. Le *furtum* était bien surtout, mais n'était pas seulement cette appropriation directe, consistant dans l'appréhension et le déplacement de l'objet contre la volonté du maître, où nous voyons aujourd'hui le *vol* proprement dit; c'était aussi cette autre forme du vol, *l'escroquerie*, dans laquelle le voleur met en œuvre des moyens frauduleux pour se faire remettre volontairement l'objet ; c'était encore la disposition abusive de la chose d'autrui, qualifiée par les législations modernes d'*abus de confiance : appropriazione indebita*, disent plus énergiquement les Italiens. Il embrassait enfin des faits en dehors aujourd'hui des sanctions pénales. Le *furtum* avait ainsi un domaine beaucoup plus étendu que le vol, tel qu'il est défini par les codes contemporains (1).

Habitués comme nous le sommes aux formules étroites, précises des définitions légales, et à classer les actes délictueux sous des étiquettes variées, cette compréhension extrême de l'idée du vol en droit romain, est de nature à nous surprendre. N'y avait-il même pas un danger dans l'ampleur et l'élasticité de cette théorie qui, pour mieux protéger la propriété, permettait de faire rentrer tant de faits différents sous une incrimination unique, et se prêtait avec tant de complaisance aux extensions successives ? Peut-être. En tout cas, il faut, pour s'expliquer cette ampleur, songer que pendant longtemps le droit n'offrait pas de ressources pour protéger les citoyens contre certains genres de fraude, contre le dol en général ; et c'est la nécessité pratique qui fit éten-

---

1. Dans l'ancien droit français, la notion du vol était demeurée, par tradition, beaucoup plus compréhensive que dans le droit actuel (V. Muyart de Vouglans, et Jousse, cités par Garraud, *Traité théorique et pratique du droit pénal français*, t. V, p. 79, à la note). Les lois britanniques donnent encore au *vol* une notion plus étendue que dans notre droit (V. Lacointa, *C. pénal d'Italie*, p. 182, note sous l'art. 402.

dre de la sorte la notion du vol (1). N'assistons-nous pas, chez nous, à un travail comparable sous certain rapport, à celui des jurisconsultes romains ? L'histoire de la jurisprudence en matière d'escroquerie nous montre une tendance analogue pour atteindre, coûte que coûte, des actes d'improbité qu'on ne veut pas laisser impunis ; le législateur lui-même a dû intervenir pour incriminer des faits que la formule étroite de l'article 379 du Code pénal ne comprenait pas (2). C'est que la fraude revêt mille formes, et qu'il est presque impossible de tout prévoir, de tout comprendre dans une formule légale ; l'expérience quotidienne se charge de montrer les lacunes et les oublis. C'est à de semblables nécessités qu'obéirent les Romains en rangeant successivement sous l'étiquette de *furtum* tant de faits distincts, mais ayant pour caractère commun l'improbité (3).

Je me propose d'étudier ici, non pas la matière si vaste du *furtum* et de ses sanctions, mais seulement ce concept romain du vol, si original, si intéressant à rapprocher des notions modernes. Je signalerai parfois les différences et les similitudes entre les théories des juriscon-

---

1. Desjardins, *Traité du vol en droit romain* (p. 107).

2. Par ex. la *grivelerie* ou *filouterie d'aliments* (L. du 26 juillet 1873), le *détournement des objets saisis ou mis en gage* (L. du 28 avril 1832 et du 13 mai 1863).

3. Cette proche parenté des divers actes d'improbité qui constituaient le *furtum* romain est mise en évidence par notre loi du 26 mars 1891 (Loi Bérenger) : « Les délits de vol, escroquerie et abus de confiance seront considérés comme étant au point de vue de la récidive *un même délit*. » (Art. 5). Le C. pén. confond lui-même quelquefois le vol et l'abus de confiance : v. art. 386, 4°.

sultes de Rome et celles qui ont passé dans notre loi pénale ; et nous verrons qu'en définitive, malgré ces différences, le système romain nous offre un ensemble de principes essentiels qui sont aujourd'hui encore la base de notre théorie du vol (1).

---

1. *Bibliographie.* On a consulté principalement pour cette étude les ouvrages suivants : *Traité du vol dans les principales législations de l'antiquité et spécialement dans le droit romain,* par Albert Desjardins (1 vol. Paris, 1881). *Diritto penale romano,* par Contardo Ferrini (1 vol. Milano, 1889), passim et spécialement, p. 130 à 169. *Appunti sulla teoria del furto in Diritto romano né suoi rapporti colla teoria del possesso,* par le même (1 vol. Bologna, 1891). *Furtum usus possessionisve,* par le même (*Rivista penale,* t. 23).

DÉFINITION DU *FURTUM*

Les législations primitives énumèrent les délits, mais ne les définissent pas. C'est ainsi que la Loi des XII Tables mentionne le *furtum* (Tab. VIII et XII), sans dire ce qu'elle entend par là. Elle s'en rapporte à l'idée que chacun se fait aisément d'une telle infraction. Plus tard, on sent le besoin de délimiter la portée de l'incrimination : il faut une définition. La plus ancienne qui nous soit parvenue du vol, ou plutôt du voleur, est celle de Sabinus, rapportée par Aulu-Gelle : « *qui alienam rem adtrectavit cum id se invito domino facere, judicare deberet, furti tenetur* ». (N. att. 11, 18, § 20).

Nous retrouvons cette définition, adoptée avec diverses modifications par Gaïus : « *Furtum autem fit... generaliter cum quis rem alienam invito domino contrectat* » (III, 195), et par Ulpien « *qui ea mente alienum quid contrectavit ut lucrifaceret..... fur est* ». (L. 65 Dig. *de furtis*, XLVII, II) (1). Il faut remarquer dans cette dernière formule, l'allusion à l'une des conditions du *furtum*, *l'animus lucrifaciendi*, qui n'est pas exprimée dans les précédentes.

Le jurisconsulte Paul nous fournit deux définitions : l'une, fort brève, que ne désavoueraient pas les codes

---

1. Les citations du Digeste qui ne seront pas accompagnées de l'indication du livre et du titre, se rapportent au titre *de furtis*.

modernes (1) : « *Fur est qui dolo malo rem alienam con-trectat* » (*Recept. Sent.* II, XXXI, 1) (2) ; l'autre, très complète, et qui énumère non-seulement tous les éléments constitutifs du délit, mais nous fait connaître encore les diverses formes qu'il peut affecter : « *Furtum est contrectatio rei fraudulosa, lucri faciendi gratia, vel ipsius rei, vel etiam usus ejus possessionisve* (L. 1, § 3. Dig. *h. t.*).

C'est cette définition qui figure dans les Institutes de Justinien (IV, I, 1), avec une variante : l'expression *lucri faciendi gratia* ne s'y trouve plus.

Cette coexistence dans les écrits du même jurisconsulte de deux formules différentes pour indiquer ce qu'est le *furtum* a naturellement excité l'attention des commentateurs, qui ont cherché à l'expliquer de diverses manières. Au fond, on est réduit à des conjectures (3). Il paraît assez vraisemblable que dans les *Sentences*, œuvre d'un caractère pratique, Paul n'a pas cherché à donner une définition vraiment scientifique : sans répudier celle précédemment énoncée dans le *Commentaire de l'Edit*, il a cru pouvoir se contenter de reproduire dans l'autre ouvrage la définition élémentaire et traditionnelle du *furtum* telle qu'elle était reçue dans la pratique, sans y attacher d'autre importance.

Quoiqu'il en soit, nous trouvons dans ces diverses définitions du vol, indiquées avec plus ou moins de détail ou

---

1. Cf. art. 379. C. pén. fr.
2. Cf. *Mos. et rom. leg.* Coll. VII, v. 1.
3. On peut voir l'exposé de divers systèmes dans Ferrini, *Diritto penale*, p. 133.

de précision, tous les éléments constitutifs du *furtum*.
Celle de Paul, placée en tête du titre *de Furtis*, peut être
considérée comme résumant dans une forme définitive les
idées qui se dégagent de l'ensemble des textes. Nous
voyons que le *furtum* suppose une certaine action matérielle, — *contrectatio* ou *adtrectatio*, — commise par une personne dans une intention frauduleuse, — *dolo malo, invito
domino, lucrifaciendi gratia,* — sur une chose. Les éléments
de ce délit sont donc : 1° La *contrectatio* ; 2° *la fraude;*
3° *la chose*. On peut dire aussi, en d'autres termes, que le
furtum, comme tout délit, comprend nécessairement un
élément moral et un *élément matériel*. La moralité du
furtum se rapporte à *la fraude;* la matérialité, à la *contrectatio* et à *la res*.

Nous étudierons successivement : 1° *l'élément moral* du
furtum; 2° son élément *matériel ;* 3° dans un troisième
paragraphe, nous analyserons cette formule qui constitue
la principale innovation de la définition de Paul « *vel
ipsius rei, vel usus ejus possessionisve.* »

§ I.

ÉLÉMENT MORAL DU *FURTUM*

L'élément moral d'un délit, c'est la culpabilité de l'agent. Dans le *furtum*, la culpabilité s'analyse en une *intention frauduleuse* que les textes appellent *animus* ou *affectus furandi*. Je m'occuperai successivement : 1° *des personnes qui peuvent commettre un furtum ;* 2° *de la fraude.*

I. — Quels individus peuvent commettre un *furtum*.

Le principe général est que toute personne peut commettre un *furtum :* il n'y a pas en cette matière à distinguer, on le comprend, entre citoyens et pérégrins, entre libres et esclaves. Ces derniers, bien que le droit civil ne les considère que comme des choses, n'en répondent pas moins de leurs délits.

a). — Il y a une exception à ce principe : ne peut commettre un *furtum* l'impubère qui n'est pas encore *doli capax* (L. 23 Dig., *h. t.*) ; et il est présumé incapable de vol, c'est-à-dire de l'intention frauduleuse nécessaire à l'existence du *furtum,* tant qu'il n'est pas *proximus pubertati* (Gaïus, III. 208. Inst. IV, I, 18).

b). — Il y a des hypothèses où certaines personnes

coupables d'un acte réunissant tous les caractères du *furtum*, échappent à la sanction ordinaire en raison du lien qui les rattache à la victime du délit. Cette immunité ne constitue pas, à vrai dire, une exception relative à la règle posée plus haut : dans les cas que nous allons voir, les auteurs du fait ont réellement commis un *furtum* (1), c'est la sanction seule qui fait défaut (Inst. IV, I, 12).

Cette immunité est accordée par exemple : 1° lorsque l'auteur du délit est un fils de famille ou un esclave, un *alieni juris*, et que le vol est commis au préjudice de *pater familias*, du maître ; 2° lorsque le *furtum* a été commis par un époux au préjudice de l'autre.

1° *Furtum de l'alieni juris* (Inst. IV, I, 12). — Pourquoi tout en reconnaissant que le fils de famille ou l'esclave s'est rendu coupable d'un *furtum* véritable, ne donne-t-on pas contre lui l'action ordinaire ? Parce que, dit Paul, nous ne pouvons pas plus agir en justice contre les personnes soumises à notre puissance que contre nous-mêmes (2) (L. 16. Dig., *h. t.*) ; et Ulpien ajoute : « A quoi bon plaider contre celui dont on peut tirer justice soi-même ? » (L. 17 pr. Dig., *h. t.*). L'immunité se fonde donc sur le concept qui fait de la famille romaine une unité civile qui s'absorbe dans la personne du *pater familias*. La puissance à laquelle est soumis l'*alieni juris* fait

---

1. D'où la conséquence, d'une part, que la chose est furtive, et par suite ne peut être usucapée ; et, d'autre part, que les complices peuvent être atteints par la répression. L'exemption est toute personnelle (Cf. art. 380, § 2, C. pén. fr.).

2. Ce n'est là d'ailleurs qu'une application particulière d'un principe général. « *Lis nulla nobis esse potest cum eo quem in potestate habemus* », dit Gaïus (L. 4, *de jud.*, Dig. V. I).

que sa personne se confond en quelque sorte, quant aux biens et aux intérêts, avec celle du chef de la famille (1). L'immunité se trouve ainsi limitée aux personnes entre lesquelles il existe un lien de puissance, limite étroite que les législations modernes, s'inspirant d'une idée de convenance, peuvent dépasser (2).

2° *Furtum entre époux.* — D'anciens jurisconsultes avaient émis l'opinion que la femme mariée ne pouvait pas commettre un *furtum* contre son mari : « *quia societas vitæ quodam modo eam dominam faceret* », idée assez juste d'ailleurs : la communauté de vie établit en effet entre les époux une sorte de co-propriété qui ne permet pas d'admettre facilement la pensée d'une appropriation frauduleuse. Cette doctrine ne prévalut pas : il fut admis qu'il y avait bien *furtum* (3) dans cette hypothèse, comme dans celle où une fille vole son père ; seulement ce *furtum* ne fut pas sanctionné pénalement (L. 1, *Rer. am.*, Dig. XXV, II). Cette immunité a été étendue au mari coupable de *furtum* au préjudice de sa femme (L. 7, *Rer. am.*). Elle se fonde, comme dans le droit moderne, sur une idée de convenance : l'honneur du

---

1. Ortolan, II, p. 355. Cf. Fustel de Coulanges, *la Cité antique*, chap. VIII, *passim*.

2. Ainsi, le C. pén. ital. étend l'immunité aux frères et sœurs vivant sous le même toit (art. 433). D'autres subordonnent la poursuite à une plainte, lorsqu'il s'agit de parents plus ou moins proches. *C. pén. des Pays-Bas*, art. 316. *Hongrois*, art. 342.

3. Il ne faut pas prendre à la lettre l'expression : « *Cum mulier furtum non faciat* », que l'on retrouve dans les textes (L. 21, § 1, *Rer. am.*). On doit y voir seulement un vestige de l'ancienne théorie.

mariage ne permet pas l'exercice de ces actions honteuses entre époux (L. 2, *Rer. am.*).

Je n'insiste pas davantage sur ces hypothèses qui ne se rattachent qu'indirectement à notre sujet : il s'agit moins en effet de la notion même du délit que de sa sanction.

II. — De la fraude.

Il ne suffit pas d'être capable de commettre un *furtum*, et d'avoir accompli l'acte matériel qui peut le constituer; il faut encore que l'auteur du fait ait agi dans l'*esprit de fraude* prévu par les textes. Cette fraude consiste dans l'intention de tirer un profit illicite de la chose volée, contrairement au droit du maître, et contre sa volonté. C'est ce que les textes appellent souvent *animus* ou *affectus furandi*. Nous étudierons successivement : A. — *L'intention de commettre un furtum;* B. — *L'absence de consentement chez la personne lésée.*

A. — De l'intention de commettre un *furtum*.

Il est un point qu'il faut tout d'abord mettre en évidence : l'intention la plus délictueuse est insuffisante à elle seule pour rendre coupable de *furtum*, si, par suite d'une circonstance quelconque, l'une des conditions essentielles du délit fait défaut. Ainsi, je m'empare d'une *res derelicta*, sans savoir que le maître l'a abandonnée ; ou bien d'une *chose héréditaire*, croyant qu'elle appartient à une personne vivante : j'ai l'*animus furandi;* je crois bien commettre un *furtum*, et cependant il n'y a pas de délit, parce que ces choses ne peuvent être dérobées. L'impossibilité de commettre un *furtum* tient à l'objet, et ma seule volonté ne suffit pas à transformer en délit un acte licite en lui-même (L. 43, § 5, Dig. *h. t.* L. 6. Dig. *expil. hæred.*, XLVII-XIX). Cette dernière décision de Paul, contraire à celle de Nératius qu'il rapporte, est rationnelle et conforme à la doctrine qui se dégage des textes. En effet, la seule pensée de commettre un *furtum* n'est pas incriminée : *Sola cogitatio furti faciendi non facit furem* (L. 1, § 1, *h. t.*). Or, dans le cas qui nous occupe, la chose ne pouvant pas être volée, l'acte du *fur* se réduit à une résolution criminelle ; il manque pour constituer le *furtum*, une chose qui en soit l'objet.

Dans la définition de Paul, l'intention de l'agent est exprimée par les mots *fraudulosa, lucri faciendi gratia.* Voyons en quoi consiste précisément cette intention ; nous nous demanderons ensuite s'il est nécessaire qu'elle prenne naissance chez l'agent au moment même où il accomplit l'acte matériel de la *contrectatio*.

Fraudulosa. — L'acte du *fur* doit être frauduleux. On s'est demandé si cette expression *fraudulosa* était synonyme de cette autre qu'emploie Paul dans sa seconde définition : *dolo malo.* Il est probable qu'elle a un sens plus spécial : elle signifierait que la *contrectatio* doit être *clandestine.* L'adjonction de cette épithète aurait pour but de faire sentir la distinction qui existe, à ce point de vue, entre le *furtum* et la *rapina*, qui est le vol avec violence, et par conséquent le vol *non clandestin.* Il est à remarquer, en effet, que le *furtum manifestum* lui-même est clandestin en ce sens que le *fur* avait bien l'intention d'opérer clandestinement ; et, s'il est pris sur le fait, c'est là une circonstance indépendante de sa volonté. Cette question n'a d'ailleurs qu'un intérêt secondaire (1).

Lucri faciendi gratia. — Le but de l'agent doit être de se procurer un bénéfice. Ainsi, les jurisconsultes, tout en donnant une extension extrême au *furtum* sous le rapport de la matérialité du délit, le limitaient sous le rapport de la moralité, limitation d'ailleurs qui paraît peu rationnelle (2). Qu'importe, en effet, que le *fur* ait agi par pure méchanceté, ou dans un but de lucre ? Le fait n'en est pas moins une atteinte frauduleuse au bien d'autrui, ce qui doit suffire à caractériser le vol. Les Romains ont fait ici une confusion entre *l'intention* de commettre un délit, et le *motif* qui porte l'agent à le commettre. Au surplus, il est bien évident que presque toujours le voleur se propose un bénéfice : et on s'explique qu'à la rigueur on ait pu laisser en dehors de la notion du *furtum*, les hypothèses fort rares où l'agent s'empare de la chose, non pour en jouir, mais pour la détruire, à seule fin de causer un dommage.

Il est certain d'ailleurs qu'il faut interpréter l'expression *lucri faciendi gratia* de la façon la plus large : le

---

1. V. Dans ce sens, Ferrini, *Diritto penale*, p. 151. *Contra*, Desjardins, p. 92.

2. Il est intéressant de constater que nous retrouvons cette même exigence dans la définition donnée du vol par le nouveau Code pénal italien : « quiconque s'empare d'une chose meuble appartenant à autrui, *pour en tirer profit...* » (art. 402). Ces derniers mots traduisent assez exactement la formule *lucrifaciendi gratia*.

lucre qu'a en vue le *fur* ne doit pas s'entendre seulement d'un enrichissement matériel; toute espèce de bénéfice, même purement moral, suffit à remplir cette condition. Ainsi, on doit reconnaître l'*animus lucrandi* chez celui qui a agi dans le but de gratifier autrui avec l'objet dérobé; en effet : « *species lucri est ex alieno largiri, et beneficii debitorem sibi adquirere* » (L. 54, § 1, Dig., *h. t.*). Cette même idée nous explique comment il peut y avoir *furtum* (*usus*) dans l'acte du commodataire qui prête à un tiers l'objet du commodat.

Il est à remarquer au surplus que les jurisconsultes ne sont pas toujours d'accord sur la manière de comprendre le *lucrum*. Ainsi l'intention de se procurer un profit est-elle suffisamment caractérisée dans le cas de celui qui enlève l'*ançilla* d'autrui, non pour se l'approprier, mais *libidinis causa*? Paul enseignait qu'il y avait *furtum* dans cette hypothèse, que l'esclave fût ou non *meretrix* (*Recept. Sent.* II, XXXI, 12 et 31. L. 82, § 2. Dig., *h. t.*). Ulpien, au contraire, qui prévoit seulement le cas où l'*ancilla* serait *meretrix*, estime qu'il n'y a pas *furtum;* et il en donne la raison suivante : « *nec enim factum quæritur sed causa faciendi : causa autem faciendi libido fuit, non furtum* » (L. 39, Dig., *h. t.*). Pour Ulpien, ce n'est pas un *lucrum* que de chercher à satisfaire sa passion (1).

D'autre part, on trouve des textes d'Ulpien qui admettent l'existence du *furtum* dans le cas où un individu —

---

1. Un ancien commentateur, voulant à toute force chercher une conciliation entre Paul et Ulpien, a émis l'idée suivante : Ulpien dit qu'il n'y a pas vol dans le fait d'enlever l'*ancilla* d'autrui, *libidinis causa* : il veut dire qu'il n'y a pas *furtum rei*. Paul

abstraction faite de toute idée de lucre — se borne à *cacher* un esclave fugitif, ou à *dissimuler*, pour n'avoir pas à le rendre, un objet remis en gage (L. 48, § 3 — L. 52, § 7, Dig., *h. t.*). Faut-il conclure de là qu'Ulpien n'exigeait pas comme Paul l'*animus lucrifaciendi;* qu'il se contentait, — comme disent ces textes, — de l'*animus celandi*, qui suppose seulement l'intention de nuire au maître? Doit-on enfin tirer de là la conséquence que la phrase *lucrifaciendi gratia* de la définition paulienne, n'est qu'une sorte de hors-d'œuvre, et qu'il ne faut pas la prendre à la lettre ?

Ce serait là une conclusion (1) inexacte. D'une part on peut citer des textes d'Ulpien, et notamment la définition qu'il donne du voleur, où se retrouve la même exigence que dans la définition de Paul (L. 65, 1. 43, § 7. Dig. *h. t.*). D'autre part, rien ne prouve qu'Ulpien, dans les hypothèses où il parle de l'*animus celandi*, n'ait pas supposé que l'agent avait aussi pour mobile un intérêt personnel (2).

L'absence de l'*animus furandi* ne permet pas au *furtum* de prendre naissance, les autres conditions fussent-elles remplies, nous l'avons vu plus haut. L'erreur de *droit*,

---

semble enseigner le contraire ; mais il veut dire qu'il y a *furtum usus*. Les jurisconsultes seraient d'accord sur l'existence du *furtum* (V. Ferrini, *Diritto penale*, p. 139). Nous verrons en parlant du *furtum usus* qu'une telle explication n'est pas admissible.

1. C'est à cette conclusion que semble arriver M. Desjardins.

2. Quand ce ne serait que l'avantage d'augmenter son crédit apparent par la possession de l'objet engagé ou de l'esclave fugitif. Nous avons vu qu'il fallait entendre l'idée de *profit cherché* de la façon la plus large.

aussi bien que l'erreur de fait, est prise en considération :
ainsi ne commet pas de *furtum*, l'héritier qui vend ou
donne une chose simplement prêtée ou louée au dé fun t
mais qu'il croit lui appartenir (Gaïus II, 50, Inst. II, VI,
4 à 6).

Si l'*animus furandi* se trouve restreint à une fraction
seulement de la chose enlevée, l'agent ne sera tenu *furti*
que pour cette fraction. Ainsi j'ai confié à *Titius* un sac
contenant vingt écus : Titius me restitue par erreur un
autre sac qui en contient trente, et je le reçois, croyant
que ce sont bien là mon sac et mes vingt écus auxquels
dix autres auraient été ajoutés. Je ne commets un vol
que pour ces dix écus, parce que mon intention de commettre un *furtum* n'a porté que sur ceux-ci : ma bonne
foi me couvre pour le surplus (L. 21, § 1. Dig. *h. t.* cf.
§ 3).

Bien différente est l'hypothèse où je dérobe une chose
en vue de tirer profit seulement d'une partie ou d'un
accessoire de cette chose : par exemple si je m'empare d'un plat doré à seule fin d'en enlever l'or, ou
d'un sac rempli d'écus, dans le but de retirer la somme
qu'il contient. Je commets un vol non seulement de l'or
ou des écus, mais encore du plat et du sac bien qu'ils ne
soient pas l'objet de ma convoitise criminelle (L. 22, § 2,
1. 77. Dig. *h. t.*). Dans ces cas, en effet, je sais fort bien
que je dérobe un tout qui ne m'appartient pas, cela suffit à constituer l'*animus furandi*, et l'on n'a pas à tenir
compte de cette circonstance que je visais, en définitive,
une partie seulement de la chose.

Coexistence de l'animus furandi et de la contrectatio. —

Dans la théorie des législations modernes qui exigent comme élément matériel du vol la *soustraction*, *l'enlèvement* de la chose, il est logique de conclure qu'il n'y a pas vol si l'intention frauduleuse ne prend naissance chez l'agent qu'après la consommation du fait matériel : dans ce cas, en effet, c'est la *rétention* qui devient frauduleuse, l'appréhension ne l'est pas. Cette distinction essentielle semble devoir faire écarter en pareille hypothèse le concept du vol (1).

Pareille question ne peut se soulever en droit romain. Nous verrons plus loin ce qu'il faut entendre par *contrectatio* : qu'il suffise d'observer ici qu'il y a *contrectatio*, non seulement dans la soustraction, mais encore dans une foule d'actes postérieurs à une prise de possession, par lesquels l'agent manifeste sa volonté de s'approprier la chose. Dans ces conditions, il importe peu que l'intention frauduleuse n'ait pas existé chez l'agent à l'époque de la prise de possession. Fût-il de bonne foi à ce moment, il devient coupable de *furtum* dès lors que *l'animus furandi* s'élève en lui.

C'est bien à tort qu'on voudrait argumenter pour contester (2) cette théorie, d'un texte d'Ulpien qui semble

---

1. V. Garraud, *op. cit.*, V. p. 83. L'intérêt de la question se manifeste surtout dans le cas d'appréhension des choses perdues. L'agent avait-il *l'animus furandi* au moment où il s'empare de la chose, il commet un vol. Si cette intention ne prend naissance que plus tard, il n'y a pas vol.

2. Un auteur allemand, *Stintzing*, cité par Pampaloni (*Il possesso dimalafede in rapporto al delitto di furto*, Arch. Giurid. t. XXVIII, p. 335) a émis l'opinion qu'en principe *l'animus furandi* doit coïncider avec la prise de possession (V. sur ce point, Pampaloni, *loc. cit.*, et Ferrini, *Diritto penale*, p. 163).

exiger la coexistence de l'*animus furandi* et de la prise de possession. Il s'agit de l'individu qui s'empare d'une chose perdue : « *qui alienum quid jacens lucrifaciendi causa sustulit, furti obstringitur* » (L. 43, § 4, Dig. *h. t.*). Conclure de là que le vol existe seulement lorsque l'*animus furandi* coïncide avec l'appréhension, serait exagérer beaucoup la portée de ce texte. L'argument *a contrario* qu'on en voudrait tirer est bien peu solide. Ulpien paraît bien supposer qu'en s'emparant de la chose trouvée, l'agent conçoit immédiatement l'intention de se l'approprier ; mais il ne dit nullement que cette coexistence de l'appréhension et de l'intention soit indispensable. Un autre texte d'Ulpien démontre d'ailleurs que telle n'est pas l'intention du jurisconsulte (L. 44, *de adq. rer. dom.*, Dig. XLI, I). Voici l'hypothèse : un loup enlève un porc à mon berger. Un autre berger lui donne la chasse et reprend le porc. En cela, il n'y a point de vol : le chasseur peut être de bonne foi et imaginer que le porc était un animal errant et sans maître. Mais si, plus tard, il refuse de le rendre à mon berger qui vient le réclamer, c'est alors qu'il se rend coupable de vol. — Ainsi, bien que l'*animus furandi* n'ait pris naissance que postérieurement à l'appréhension, il n'y en a pas moins *furtum*.

B. — Absence de consentement chez le maître.

La fraude, outre l'intention spéciale que nous venons d'étudier, comprend un autre élément : c'est la *conscience* qu'a le *fur* d'agir contre le consentement du maître de la chose, et l'*absence* effective de ce consentement. Ainsi que l'expriment certaines définitions celui-là est voleur qui procède *invito domino*.

a). — Il est incontestable tout d'abord que, pour se rendre coupable de *furtum*, il ne suffit pas d'agir contre le gré du maître : il faut encore avoir conscience qu'on agit contre son gré, peu importe d'ailleurs qu'on sache quel est le propriétaire (L. 43, § 4. Dig., *h. t.*). — Si l'on est de bonne foi, si l'on s'imagine à tort que le propriétaire consent à l'acte, il n'y a pas *furtum* parce qu'il n'y a pas d'intention de le commettre. Le premier élément de la fraude fait défaut (L. 46, § 7, Dig., *h. t.* — Gaïus, III, 197. — Inst. IV, I, 7).

b). — D'autre part, le *furtum* suppose essentiellement la lésion du droit d'autrui : il n'y a pas de lésion, et par suite pas de *furtum*, si l'intéressé consent à l'acte (1). Il en est ainsi quand même le *fur* s'imaginerait agir contre le gré du maître (L. 46, § 8. — Gaïus, 198. — Inst., § 8, *h. t.*). Nous retrouvons ici une application du principe que l'intention seule n'est pas incriminée : le consente-

---

1. On avait imaginé l'hypothèse suivante : Titius cherche à corrompre mon esclave et l'invite à me dérober un objet pour le lui apporter. Désireux de prendre Titius sur le fait, je permets à mon esclave, qui m'a rendu compte de tout, d'agir conformément aux instructions de Titius. Dans ce cas, disait Gaïus, il n'y avait pas *furtum*, puisque le maître consentait à l'enlèvement de la chose; il ne pouvait non plus y avoir lieu à l'action de *servo corrupto*, puisque, loin de s'être laissé corrompre, mon esclave était demeuré fidèle. Titius échappait donc à toute répression. Justinien qui ne voulut pas admettre une telle conséquence, que des anciens paraissaient d'ailleurs avoir contestée, donne au contraire l'action *furti* et l'action *de servo corrupto* (Gaïus, III, 198. Inst. IV, I, 8. L. 20. C. *De furt. et serv. corr.*, VI, 2).

ment du maître fait disparaître l'élément matériel; tout se réduit alors à une intention frauduleuse qui, à elle seule, ne saurait constituer un *furtum*.

Le consentement du maître exclut la possibilité d'un *furtum* : mais que faut-il décider si ce consentement n'a été donné que par erreur ?

Il y a lieu de distinguer deux situations :

a). — Si l'erreur est de telle nature qu'elle supprime le consentement, il y a *furtum* de la part de celui qui bénéficiant de cette erreur, ou l'ayant provoquée, prend ou se fait remettre une chose. Ainsi, lorsque je remets un objet à une personne qui m'a trompé sur son identité, alors que je pensais avoir affaire à une autre personne vis-à-vis de laquelle je suis tenu; ou bien, si je remets une chose pour une autre, j'ai l'action *furti* contre celui qui a sciemment pris l'objet dans de telles conditions (L. 52, § 11, 12, 21. L. 21, § 1. Dig., *h. t.*). En pareil cas, l'erreur est substantielle : il n'y a pas, à vrai dire, de consentement : celui-ci n'est qu'apparent.

b). — Mais si l'erreur, tout en déterminant un consentement qui n'aurait probablement pas été donné en meilleure connaissance de cause, ne va pas jusqu'à le supprimer entièrement, le délit ne prend pas naissance. C'est ainsi qu'on ne voit pas un *furtum* dans le fait de celui qui se fait remettre une chose, en s'attribuant à la suite d'allégations plus ou moins frauduleuses, un crédit qu'il n'a point (L. 43, § 3, Dig., *h. t.*); pas plus que dans le fait de l'esclave ou du fils de famille, qui, pour obtenir la chose, se fait passer pour libre ou *paterfamilias* (L. 52, § 15, Dig., *h. t.*).

Dans ces cas et autres analogues, le consentement du propriétaire, bien qu'altéré, existe cependant ; et cela suffit pour exclure la possibilité d'un *furtum*. L'agent n'a pas opéré *invito domino*.

§ II.

ÉLÉMENT MATÉRIEL DU *FURTUM*.

L'élément matériel du *furtum* comprend un certain acte appelé *contrectatio*, de la part du *fur*, sur une *chose*. Nous nous demanderons : 1° A quelles choses peut s'appliquer la *contrectatio;* 2° ce qu'il faut entendre par *contrectatio*.

I. — **De la chose.**

Peuvent seules être l'objet d'un *furtum* les choses *corporelles, mobilières*.

a). — *Choses corporelles*. — La *contrectatio* est un acte matériel : ce qui exclut la possibilité du vol des choses *incorporelles*, lesquelles ne sauraient être maniées. Mais si celles-ci ne peuvent pas, comme telles, être volées, il n'en est pas de même *du titre* qui constate le droit (L. 27, pr. et § 2. — L. 31, § 1, Dig., *h. t.*). — Le vol ne porte pas sur le droit, mais sur le *titre* qui est une chose corporelle. — Il semble même que les jurisconsultes soient allés jusqu'à considérer comme pouvant faire l'objet d'un *furtum*, l'écriture elle-même, abstraction faite de l'*instrumentum* auquel elle adhère (L. 52, § 23, Dig., *h. t.*).

b). — *Choses mobilières*. — La *contrectatio* n'implique

pas nécessairement le déplacement de la chose : si, dans le droit moderne, il est matériellement impossible de concevoir le vol d'un immeuble, pareille impossibilité n'existait pas en droit romain : on pouvait fort bien étendre le vol aux choses immobilières. C'est aussi ce qu'avait admis une ancienne théorie (1). D'après Aulu-Gelle (2), Sabinus pensait que les immeubles pouvaient être l'objet d'un *furtum :* mais le droit classique n'accepta pas cette doctrine. Gaïus déclare qu'elle n'est plus soutenue (II, § 1). Quant à Ulpien, il se borne à approuver l'opinion professée, dit-il, par la *plupart* des jurisconsultes, que les immeubles ne peuvent être volés (L. 25, pr. Dig., *h. t.*).

On comprend d'ailleurs que dans une société primitive, on ait pu chercher à protéger par la sanction attachée au *furtum* la propriété immobilière aussi bien que la propriété mobilière. Mais plus tard, alors même que la notion du *furtum* allait s'élargissant, il parut cependant naturel de la restreindre sous ce rapport. L'usurpation des immeubles, en effet, qui est un fait apparent et résulte presque toujours d'un acte violent, n'est plus aussi facile dans une société régulière. Les immeubles, au surplus, ne se prêtent pas comme les meubles à une appropriation individuelle : par leur nature même, ils se défendent mieux contre les voleurs. Ces motifs expliquent suffisamment l'évolution des idées sur ce point.

---

1. Justinien y fait allusion : « *Abolita est enim quorumdam veterum sententia, existimantium etiam fundi locive furtum fieri* » (Inst. II, VI, 7. Cf. L. 38. *de usurp.*, Dig. XLI, III).
2. N. att. XI, 18, 13.

Mais on ne doit pas considérer comme immobilières les parties d'immeubles que le *fur* a mobilisées lui-même; en les détachant pour se les approprier. La division civile des biens en meubles et immeubles est inapplicable ici. Cette idée, admise sans difficulté par les modernes qui voient dans l'*enlèvement* de la chose le trait distinctif du vol, devait être aussi celle des jurisconsultes romains, avec d'autant plus de raison que le *furtum* des immeubles eux-mêmes ne pouvait heurter leurs idées. C'est ainsi que les matériaux d'un édifice, le sable ou la craie d'une carrière (1), les arbres, les fruits, peuvent être l'objet d'un *furtum* (L. 25, § 2. — L. 57, Dig., *h. t.* — L. 12, § 5. *de usufr.*, Dig. VII, I).

c). — Ajoutons que la chose objet du *furtum*, doit appartenir à un propriétaire. C'est là une conséquence nécessaire du principe que le fur doit agir *invito domino*: si la chose dont il s'empare n'a pas de maître, il ne porte préjudice à personne; il ne procède contre la volonté de personne. Il n'y a donc pas *furtum* dans le fait de prendre des abeilles sauvages ou leur miel (L. 26, pr. Dig., *h. t.*) ou bien une *res derelicta*, pourvu que le maître l'ait réellement délaissée, avec l'intention de l'abandonner au premier occupant (2) (L. 43, § 5. Dig., *h. t.* cf. § 6).

Si, jusqu'ici, la théorie romaine du *furtum* nous offre, au point de vue de l'objet, des principes identiques à ceux qui ont été consacrés par les législations contempo-

---

1. Cf. C. pén. fr. art. 388, § 2.
2. V. Accarias, I, p. 552.

raines, elle nous présente à d'autres égards des différences assez notables. Si elle a, en général, une ampleur
que nous ne connaissons plus aujourd'hui, elle nous présente parfois des restrictions inconnues aux modernes.
Nous allons examiner ces deux points de vue.

**A. — Des cas où la notion du *furtum* est plus étendue en ce
qui concerne l'objet du délit que le vol moderne.**

*a). — Des cas où un être humain peut être l'objet d'un
furtum.* — Le droit pénal actuel ne connaît pas le vol des
personnes (1). Les institutions particulières des Romains
permettaient, au contraire, de concevoir le *furtum* d'un
être humain. Ainsi : 1° les *esclaves* peuvent être volés ; il
est vrai qu'ils ne sont pas considérés comme des personnes : ce sont des choses. Il est donc logique d'admettre
le *furtum* d'un esclave aussi bien que celui d'un animal
ou d'un objet quelconque faisant partie du patrimoine
d'un individu ; 2° Quant aux *personnes libres*, le principe
est qu'elles ne sauraient être l'objet d'un vol (2). Il y a

---

1. Mais il érige en délit spécial la *séquestration* des personnes,
ainsi que le récélé ou l'enlèvement des enfants et des mineurs.
Le droit allemand (C. pén., § 234) contient une disposition relative
au *vol d'hommes*, incrimination quelque peu imaginaire, emprun-
tée à l'ancien droit germanique. V. sur le *plagiat* la note suivante.

2. La loi Fabia de *plagiariis* (Dig. XLVIII, 15. C. IX, 20. Inst.
IV. XVIII, 10), pour combler ce qui semblait une lacune du droit,
et donner d'ailleurs un nouveau moyen de répression contre les
voleurs de personnes libres, dans les cas exceptionnels où ce vol
était possible, permet d'atteindre ceux qui ont célé, enchaîné, dissimulé une personne libre (*Crimen plagii*). L'ancien droit français qualifiait de *plagiat* le vol des enfants (V. Merlin, Rep. V°.
Plagiat).

cependant quelques cas où un tel *furtum* est possible :
c'est lorsqu'il s'agit d'enfants en puissance, de femmes
in manu, d'un *judicatus* ou d'un *auctoratus* (1). (Gaïus III,
199. Inst. IV. I, 9. L. 14, § 13. Dig., *h. t.*). Pour comprendre cette extension de l'idée du vol, il faut songer à
l'intensité de ces droits de famille ou autres qui, à l'origine surtout, ressemblaient beaucoup au droit de propriété.

b). — *Furtum de la res propria.* — On considère
aujourd'hui comme de l'essence du vol que la chose sous-
traite soit la propriété d'autrui. Quelques définitions
romaines parlent bien aussi de la *contrectatio* d'une *res
aliena* comme constituant le *furtum ;* mais elles n'avaient
en vue que le cas le plus ordinaire, et n'entendaient pas
restreindre le vol au cas où la chose appartiendrait à
un autre que le *fur*. Le droit romain, en effet, — et c'est
là une de ses plus remarquables originalités en cette
matière, — admettait qu'un individu pouvait commettre
un *furtum* sur sa propre chose : *aliquando etiam suæ rei
furtum quisque committit,* » dit Justinien, après Gaïus
(Inst. IV, I, 10. Gaïus, III, 200). C'est ce qui a lieu,
par exemple, lorsque le débiteur enlève à son créancier
la chose qu'il lui avait remise en gage, et d'une manière
générale, lorsque le propriétaire reprend *dolo malo* sa
propre chose entre les mains d'un tiers qui avait le droit

---

1. Le *judicatus* est le débiteur détenu chez le créancier tant
qu'il n'a pas exécuté sa condamnation (Accarias, II, n° 745). L'*auctoratus* est celui qui a loué ses services comme gladiateur (*ibid*,
n° 667, 2°. Cf). *Coll. leg. Mos.* IX, II, 2. Justinien ne mentionne
plus ces deux dernières hypothèses, sans application de son
temps.

de la retenir. C'est en se plaçant dans l'hypothèse où
le *fur* n'avait aucun droit de ce genre que Paul a pu
dire : « *rei enim nostræ furtum facere non possumus* »
(*Recept. Sent*, II, XXXI, 21, p. § 36). Nous verrons
plus loin, en revenant sur ces hypothèses, si un tel *furtum*
constitue un *furtum possessionis* ou bien un *furtum rei*.
Bornons-nous à constater ici que le *furtum* romain n'a
pas nécessairement pour objet le patrimoine d'autrui.

Cette théorie romaine, — étrange en apparence, —
repose au fond sur une idée rationnelle : s'il est vrai,
qu'en principe, on ne peut concevoir le vol, — qui est
un délit contre la propriété, — d'une chose dont on est
propriétaire, cette règle doit très logiquement admettre
une exception : c'est lorsque un tiers se trouve lui-même,
par suite d'un fait juridique antérieur, investi d'un droit
sur cette chose, de telle sorte que la propriété n'en est
plus entière, si je puis ainsi parler : dans ces cas, le
maître n'a plus la libre disposition de sa chose ; en agissant en maître à son égard, il lèse autrui, tout comme
s'il attaquait son patrimoine. Le *res propria* est alors en
quelque sorte, à certains points de vue, une *res aliena*.

Cette idée est si juste que les législations modernes,
tout en ayant scrupule à admettre en pareil cas les mots
de *vol* ou de *soustraction*, ont été amenées à ériger en
délit spécial, et à punir *des peines du vol*, le propriétaire
qui reprend, qui détourne la chose qu'il a donnée en
gage, ou la chose saisie sur lui et confiée à la garde d'un
tiers (1). Au fond, n'est-ce pas là une question de mots ?

---

1. Code pén. fr., art. 400, § 5 et 6. C. pén. ital., art. 203. La
législation italienne considère ce fait comme moins grave que

Et ces faits que le droit moderne, par respect pour la définition traditionnelle du vol, ne veut pas qualifier ainsi, ne présentaient-ils pas tous les caractèress : du vol *soustraction, fraude, lésion d'autrui?*

Il est évident que la *chose indivise* peut être l'objet d'un *furtum* de la part de l'un de ses copropriétaires. Il y a, en effet, en pareil cas, vol pour partie de la chose d'autrui. Cette solution. qui se justifie même avec les idées modernes sur le vol (1), ne pouvait souffrir difficulté en droit romain (L. 45. Dig., *h. t.* et l. 45, *pro soc.* Dig. XVII, II). Seulement les jurisconsultes font observer avec raison que l'intention frauduleuse ne doit pas être admise bien facilement dans ces hypothèses (L. 51, Dig., *pro soc.*).

B. — Des cas où la notion du *furtum* est moins étendue, au point de vue de l'objet, que celle du vol moderne.

a). — Dans les idées romaines, le *furtum*, délit de droit exclusivement privé, ne comprenait que les atteintes au patrimoine privé (2). De là, une restriction assez notable de la conception du *furtum* sous le rapport de la matérialité : le fait de dérober une *res sacra* ou une *res religiosa* ne rentrait pas sous cette incrimination. Pour la

---

le vol proprement dit, car elle le punit d'une peine moindre. C. pén. des Pays-Bas, art. 348. C. pén. Hongrois, art. 468.

1. Le Code pén. italien contient sur le vol des choses indivises une disposition expresse (art. 402, § 2).

2. Aussi peut-on dire, d'une manière plus générale, que pour être l'objet d'un *furtum*, la *res* doit se trouver *in commercio* (V. Accarias, II, n° 667).

même raison, le vol au préjudice de l'Etat, par exemple, de l'argent public, ne constituait pas un *furtum*. De tels faits n'étaient cependant pas dépourvus de sanction ; mais ils étaient incriminés et punis comme délits spéciaux (1).

b). — Une autre restriction remarquable résulte de la règle que les *res hereditariæ* ne peuvent être l'objet d'un *furtum,* non-seulement tant que l'héritier n'a pas fait adition, mais encore après l'adition, tant qu'il n'a pas pris possession réellement de l'hérédité (L. 1, § 15, Dig. *Si is qui test.* XLVII, IV).

Cette règle est donnée par les jurisconsultes comme une application de ce principe que *seules peuvent être volées les choses ayant un possesseur.* Or, l'hérédité jacente ne peut posséder, puisqu'elle ne saurait ni détenir (*corpus*) ni vouloir (*animus*). L'héritier lui-même a besoin d'appréhender réellement les choses héréditaires pour avoir la possession. D'où il suit que, même après l'adition, les choses héréditaires sont sans possesseur.

Comment comprendre le principe et l'application qui en est faite aux *res hœreditariæ?*

Il paraît probable que la règle suivant laquelle il n'y a pas *furtum* des choses héréditaires avait pour but de rendre possible l'*usucapio lucrativa pro hœrede,* surtout lorsque celle-ci, après sa transformation, porta sur les objets déterminés et non sur l'hérédité elle-même.

Puisqu'en effet les choses furtives ne peuvent être usucapées, cette *usucapio* eût été impossible, si l'acte de

---

1. Il y avait, suivant le cas, *sacrilège, crimen violati sepulcri, péculat.,* etc. Je ne saurais, sans sortir du cadre de cette étude, entrer dans les détails de ces matières délicates.

celui qui s'empare des objets déterminés d'une hérédité eût été un *furtum*. Quant au principe lui-même qu'il n'y a pas vol si la chose n'est pas possédée, il aurait été imaginé pour donner une base juridique à la règle précitée. « On justifiait ainsi, dit M. Desjardins, la règle qu'on était dans la nécessité d'appliquer (1) ».

Quoiqu'il en soit, cette théorie, naturellement étrangère au droit moderne (2), comportait des exceptions : le *furtum* d'une chose héréditaire était possible, lorsque cette chose se trouvait au moment du décès, entre les mains d'un tiers, à titre de *gage*, de *commodat* ou *d'usufruit* (L. 68 à 70. Dig., *h. t.*). Dans ces cas, bien que non possédées dans le sens strict du mot, ces choses pouvaient être volées. Ces exceptions (3) semblent bien indiquer que le principe sus-énoncé n'était au fond qu'un expédient : s'il y avait eu une véritable impossibilité de voler une chose sans possesseur, elles n'auraient pu être admises, même dans le but bien naturel de protéger un tiers intéressé à empêcher le *furtum*, et de restreindre

---

1. *Op. cit.*, p. 76. Voir aussi Accarias, II, p. 625, n° 4.

2. Le C. pén. italien a soin de dire : « *Il y a également délit* (*de vol*), *par rapport aux choses d'une hérédité non encore acceptée* » (art. 402, § 2), disposition qui paraît au moins inutile.

3. Ulpien cite une autre exception : tant qu'une personne est aux mains des ennemis, elle ne possède pas : on pourrait donc la voler impunément, et le *postliminium* ne lui rend pas la possession perdue. Si, en effet, ce bénéfice peut valider rétroactivement, par suite d'une fiction, l'*animus*, il est impuissant à effacer le fait matériel de la détention perdue : il ne saurait rendre le *corpus* (L. 23, § 1, *de acq. poss.* Dig. XLI, II). On concède cependant au captif de retour l'*action furti* (L. 41. Dig. *h. t.*).

une théorie assurément dangereuse, toute favorable aux voleurs.

Ce sont ces dangers et ces inconvénients qui déterminèrent Marc-Aurèle à instituer un moyen spécial de répression contre les voleurs d'héritage, le *crimen expilatæ hœreditatis* (Dig. XLVII, 19. — C. IX, 32). Mais alors que l'*usucapio pro hœrede,* ayant disparu, la règle qu'on ne volait pas les choses héréditaires ne se justifiait plus, on ne voulut pas néanmoins y toucher (1).

II. — De la contrectatio.

La *contrectatio* est l'acte matériel qui consomme le *furtum.* — On ne saurait rendre ce mot par celui de *soustraction* qui exprime l'idée d'une *appréhension* suivie d'un *enlèvement.* Le terme *contrectatio* comprend bien la soustraction, mais il embrasse aussi d'autres faits qui n'ont rien de commun avec l'appréhension et l'enlèvement d'une chose (*amotio rei*). C'est ce que met clairemént en évidence cette formule de Gaïus, reproduite par Justinien : « *Furtum autem fit, non solum cum quis... amovet sed generaliter cum quis... contrectat* ». (III, 195. — Inst. IV, I, 6). L'*amotio* n'est donc qu'une espèce de *contrectatio.* On traduit assez généralement ce terme par l'expression française de *maniement* (2), qui pour être

______

1. Déjà le préteur avait établi un moyen de répression contre celui qui, affranchi par testament, serait accusé d'avoir commis un détournement après la mort dù maître, et avant l'adition (Dig. XLVII, IV).

2. Accarias, II, nº 666, 1º. Desjardins, nº 47. Bry, *Principes de droit romain*, p. 478. Ferrini, qui traduit par le mot italien cor-

littéralement exacte, ne donne peut-être pas une idée bien nette de l'action du *fur*. Il est bon, en tout cas, de préciser, et de dire avec M. Accarias : « *La contrectatio s'analyse en un acte de maître* » (1).

J'examinerai, en étudiant le *furtum* sous les trois aspects que nous signalent les définitions : *furtum rei, furtum usus, furtum possessionis,* les formes très diverses que peut affecter la *contrectatio*. Nous avons eu d'ailleurs l'occasion d'en signaler plusieurs. C'est par la variété des actes compris dans ce seul mot que le vol romain se trouve avoir un domaine infiniment plus étendu que le vol moderne, et qu'il embrasse des cas placés aujourd'hui en dehors de cette incrimination, bien que portant atteinte au patrimoine d'autrui.

Je m'occuperai ici de la *contrectatio* d'une manière générale, comme acte générateur du *furtum* ; puis, des *contrectationes* successives que peut commettre le *fur*, en prolongeant sa possession.

A. — De la *contrectatio* initiale.

Il n'y a pas de *furtum* sans *contrectatio*. C'est là un principe qui domine toute la matière : « *hoc jure utimur*

---

respondant (*contrettazione*) approuve la traduction française de *maniement* (*Diritto penale*, p. 152). Ortolan traduit par *attouchement*. On trouve aussi *détournement* (Cf. Merlin, Rep. Vᵒ. vol). Le mot maniement tend à faire croire que le *furtum* ne peut porter que sur des choses de nature à être *tenues* dans la main ou tout au moins, transportables d'un lieu dans un autre. Or, ainsi que nous l'avons vu plus haut, il n'a pas été vrai de tout temps que le *furtum* dût se restreindre aux choses mobilières.

1. Accarias, II, nᵒ 666.

ut furtum sine contrectatione non fiat. » (L. 52, § 19, *h. t.*). D'autre part, la *contrectatio* consomme le *furtum.* D'où diverses conséquences :

a). — La première est que le vol ne peut se former par la seule pensée : *nec animo furtum admittitur* (L. 3, § 18, *de adq. poss.*, Dig. XLI, II). Nous avons déjà signalé ce principe de raison (1), ni même par la volonté de le commettre, fut-elle manifestée par des paroles ou des écrits (L. 52, § 19, *h. t.*). Voilà pourquoi les jurisconsultes disaient : *infitiando depositum nemo facit furtum* (2) (L. 68, *h. t.*). Enfin, si la pensée ou la résolution criminelles ne sont pas incriminées comme telles, il en est encore de même de la *tentative* (3) caractérisée, parce que dans ce cas encore il n'y a pas *contrectatio*. Ulpien dit expressément : « *qui furti faciendi causa conclave intravit nondum fur est, quamvis furandi causa intravit* » (L. 21, § 7, Dig. *h. t.* cf. *ibid.* § 8 et 9).

Cependant, si plusieurs individus ont coopéré à l'acte les uns comme auteurs de la *contrectatio*, les autres en prêtant un concours matériel ou moral (*ope consilio*), ces derniers, bien qu'ils n'aient pas eux-mêmes porté la main sur la chose, sont tenus *furti*. La complicité est donc punissable, et les Instituts nous citent à cet égard plusieurs exemples (Inst. IV, I, § 11. — Cf. L. 52, § 19, Dig. *h. t.*).

---

1. V. *Supra,* p. 15. L. 1. § 1. Dig. *h. t.*).

2. Je reviendrai sur ce texte en parlant du *furtum possessionis, infra,* p. 56.

3. Sur la tentative en général, V. *Ferrini, Diritto penale,* p. 52 à 90.

b). — Du principe que la *contrectatio* consomme le *furtum* il résulte que le repentir du *fur*, et la restitution de l'objet dérobé sont impuissants à effacer le fait accompli: le *furtum* étant consommé, aucun acte postérieur ne peut faire qu'il n'y ait pas eu *furtum* (L. 65, *h. t.*). La doctrine et la jurisprudence modernes admettent sans difficulté cette même conséquence, rigoureusement logique (1).

c). — Enfin, c'est la *contrectatio* qui limite l'étendue du *furtum*. Ainsi, lorsque de divers objets renfermés ensemble, le *fur* ne prend que quelques-uns, ou lorsque d'une quantité pondérable ou mesurable, il n'enlève qu'une partie, par exemple lorsqu'il prend une mesure de froment dans un sac de blé, ou s'il puise quelques coupes de vin dans un tonneau, le *furtum* est restreint aux objets ou à la quantité sur lesquels a réellement porté la *contrectatio*. C'est ce que décide Ulpien dans quelques hypothèses (L. 21, pr. § 5 et 6). Il combat l'opinion d'anciens jurisconsultes qui étaient d'un avis contraire (2),

---

1. Il semble cependant juste de tenir compte, non pas seulement judiciairement, mais *légalement*, de cette circonstance. On ne peut qu'approuver les législations qui encouragent la restitution par une diminution légale de la peine (V. dans ce sens, C. pén. italien, art. 432. Codes de *Berne*, § 215, de *Fribourg*, art. 245, de *Vaud*, art. 307). Le code *Autrichien* accorde dans ce cas l'impunité. (§ 187-188). De même le Code du Tessin, dans certains cas (art. 368).

2. Ils donnaient une raison singulière : celui qui touche l'oreille d'une personne ne touche-t-il pas cette personne ? De même, celui qui enlève une mesure de froment dans un sac doit être considéré comme agissant en maître, c'est-à-dire en voleur, vis-à-vis du sac tout entier (L. 21, pr. *h. t.*).

et tenaient le vol de la partie pour égal au vol du tout.
La doctrine d'Ulpien est conforme aux idées plus modernes sur la *contrectatio*, à laquelle on avait donné jadis
une extension exagérée (1).

Le jurisconsulte fait d'ailleurs une distinction fort
rationnelle : lorsque de divers objets enfermés dans un
récipient qu'il a ouvert *animo furandi*, le voleur n'enlève
que quelques-uns alors qu'il pouvait tout prendre, il y
a *furtum* pour le tout ; si au contraire il lui était impossible de tout enlever, le *furtum* est restreint aux objets
emportés (L. 21, § 8. Dig. *h. t.*). Dans le premier cas, en
effet, on peut dire qu'il y a eu prise de possession pour
le tout, et si, en réalité l'agent n'a pas tout pris, c'est là
une circonstance qui ne change rien au fait ; — dans le
second, au contraire, il est naturel de dire que le fur n'a
pris possession que des objets réellement enlevés : les
autres ne sont pas en son pouvoir ; aussi ne doivent-ils
pas être compris dans le *furtum*.

La nécessité d'une *contrectatio*, c'est-à-dire d'un acte
impliquant chez son auteur une prise effective de possession (2), avait fait naître une singulière controverse.
On suppose que deux ou plusieurs individus dérobent

1. Ainsi, on avait considéré comme coupable de *furtum* celui
qui avait appelé par dol un muletier en justice, si ses mules
avaient péri pendant ce temps (L. 66, § 2. Dig. *h. t.*) : où était l'élément *contrectatio* ? Aulu-Gelle rapporte de son côté qu'une personne avait été condamnée pour vol parce qu'elle avait dissimulé
un esclave fugitif, en étendant se loge comme afin de s'en servir
(N. att. XI, 48, 14).

2. Les Italiens rendent très bien cette idée en disant que le *fur*
doit *impossessarsi, impadronirsi* (V. Ferrini, *Diritto penale,*
notamment, p. 107).

une poutre tellement lourde que chacun d'eux séparément n'aurait pu l'enlever (L. 21, § 9, Dig., *h. t.* — L. 51,
§ 2, *in fine*, Dig. *ad Leg. aq.*, IX, II). Y avait-il vol dans
ce cas? La rigueur des principes semblait commander la
négative : chacun des agents, pris isolément, n'ayant pu
se rendre maître de la chose, aucun n'avait commis de
contrectatio, aucun n'était punissable comme *fur*. On
avait fait fléchir cependant cette extrême logique : on
admettait exceptionnellement, pour des motifs d'utilité
et de justice faciles à comprendre, que chacun avait commis un *furtum* pour le tout. — Le fait seul que cette difficulté ait pu naître nous montre quelle idée avaient les
Romains de la nécessité d'une *contrectatio*.

B. — Des *contrectationes* subséquentes.

Le vol moderne est constitué par la soustraction : d'où
il suit que cette infraction est un délit *instantané ;* la
détention prolongée de la chose, les actes successifs de
possession que peut faire le voleur n'ajoutent rien au
fait. Le vol est complet après sa consommation. La
notion romaine de la *contrectatio* conduisait à d'autres
conséquences peut-être préférables (1). Puisque la *con·*

---

1. « Nous serions tenté de regretter, dit M. *Garraud*, que la
solution romaine n'ait pas été acceptée dans le droit moderne. La
détention arbitraire d'une personne est un délit continu ; pourquoi
ne pas considérer comme ayant le même caractère, la détention
arbitraire d'une chose? Cette modification dans la qualification
d'un délit qui nous menace de plus en plus aurait pour conséquence
de mieux protéger les intérêts sociaux. *En somme le vol continue
avec la possession, parce que cette possession continue l'activité
délictueuse de l'agent* » (*Op. cit.*, t. V, p. 91, à la note).

trectatio, en effet, consiste à *manier* la chose, c'est-à-dire à agir en maître sur elle, on peut concevoir que même après la *contrectatio* initiale (appréhension de possession), il puisse y avoir nouvelle *contrectatio* à chaque maniement nouveau de la part du *fur*, qui renouvelle ainsi en quelque sorte l'atteinte portée au droit du propriétaire. Le *furtum* peut ainsi se continuer par la possession.

Telle était, en effet, la théorie romaine. Elle ressort notamment des applications que nous allons parcourir.

Il faut remarquer auparavant que la série de vols que commet le *fur* ensuite de ses *contrectationes* successives n'engendre pas une série correspondante d'actions pénales (L. 9, 1. 67, § 2. Dig., *h. t.*). C'est un principe de raison que lorsque l'agent produit une série d'actes criminels tendant au même but, et dont chacun peut être considéré comme la continuation du précédent, ils sont censés au point de vue de la poursuite, ne constituer qu'un délit unique, bien qu'au fond la loi ait été violée autant de fois que l'acte a été répété. C'est ainsi que, si voulant tuer l'esclave de Titius, je le frappe de plusieurs coups dont le dernier seul est mortel, je commets plusieurs fois le délit prévu par la loi Aquilia, je viole à le fois le troisième et le premier chef, et cependant l'action ne sera donnée qu'une seule fois contre moi, *de occiso* (L. 32, § 1, *ad Leg. Aqu.*, Dig. IX, II).

Si la continuation des *contrectationes* n'a pas pour effet de multiplier les actions, elle présente cependant d'intéressantes conséquences.

a). — Tout d'abord, il faut en tenir compte pour déterminer la portée de l'action *furti*. Il y a sur ce point une intéressante décision de Celse : il suppose qu'un individu a dérobé un tout jeune esclave, et qu'il continue à la posséder : « *Infans* (furtivus) *apud furem adolevit : tam adolescentis furtum facit ille quam infantis* » (L. 67, § 2, Dig., *h. t.*). Si l'on tenait le vol pour complet après la *contrectatio* initiale, c'est la valeur de l'objet à ce moment, (dans l'espèce, la valeur de l'esclave *infans*) qui servirait de base à la condamnation. Mais, au contraire, le jurisconsulte considère que le *fur*, en continuant sa possession, en renouvelant ses actes de maître sur le jeune esclave, a commis successivement une série de vols (1). Le *fur* n'est donc pas coupable seulement du vol d'un *infans* mais encore du vol d'un *adolescens*, et puisqu'on donne contre le voleur une action unique, il est naturel que

---

1. Celse ajoute : « *Et unum tamen furtum est.* » Ces mots ne semblent pas cadrer très bien avec l'ensemble de l'argumentation du jurisconsulte. Peut-être ne sont-ils pas de lui. En tout cas, ils signifient simplement ceci : c'est que, malgré la série continue des vols, un seul est pris en considération au regard de l'action pénale (Ferrini, *Appunti*, p. 28).

2. Pomponius, partant du principe que la série des *contrectationes* ne donnait naissance qu'à une action unique, semblait dire qu'il faut tenir compte seulement de la première *contractatio* : les autres seraient sans influence sur le contenu de l'action (L. 9, Dig. *h. t.*). C'était tirer d'une idée juste une conséquence inexacte, et Celse prend soin de réfuter avec assez de vigueur cette opinion (*l. cit.*). Il insiste sur les conséquences « *ridicules* » de cette théorie : celui qui vole un adolescent est considéré comme *fur adolescentis;* celui qui vole un *infans* et le conserve plusieurs années, qui par conséquent accroît sa faute et le préjudice causé au maître, aurait une condition meilleure! L'opinion de Celse semble avoir prévalu (L. 50, pr. Dig. *h, t.* L. 13, *de cond. furt.* Dig. XIII, VIII).

celle-ci soit basée sur la valeur de l'esclave adolescent :
« *ideoque dupli tenetur quanti unquam apud eum plurini
fuit* (res). » Ainsi, d'une manière générale, l'action sera
basée sur la valeur maxima de l'objet resté entre les
mains du *fur* (2) (cf. L. 50, pr. Dig., *h. t.*).

b). — Les *contractationes* ultérieures peuvent avoir
pour effet de changer la nature de l'action ; je m'explique : supposons que la *contrectatio* initiale, dans les circonstances où elle a eu lieu, ne donne naissance qu'à
une action *furti nec manifesti*, celle-ci se transforme en
action *furti manifesti*, si les *contrectationes* subséquentes
ont eu lieu dans des conditions telles que le voleur soit
considéré, par rapport à celles-ci, comme *fur manifestus*
(L. 21 pr. Dig. *h. t : nam et si quis...*). Ulpien nous montre dans ce fragment comment le voleur peut être
« *ejusdem rei fur et manifestus et nec manifestus* » : *nec
manifestus*, du chef de la première *contrectatio* ensuite
de laquelle il n'a pas été pris en flagrant délit : *manifestus*,
du chef des autres, ensuite desquelles il a été surpris
dans des conditions qui constituent le *furtum manifestum*.

Le système qui admettait l'existence du *furtum manifestum* « *quamdiu (fur) rem teneri visus vel deprehensus
fuit* » (Inst. IV, I, 3. Gaïus, III, 184) se fonde assurément
sur cette idée que le voleur, continuant son vol par la
possession, se trouvait en flagrant délit par cela seul
qu'il était vu ou pris avec cette chose en mains. On exa-
gérait en cela une idée juste : car, pour apprécier s'il y
a ou non vol manifeste, c'est au début qu'on doit se placer ; mais ce n'est pas à dire que ce soit au moment de la

contrectatio initiale : s'il y a eu plusieurs *contrectationes* successives, le voleur peut être *manifestus* à l'occasion de chacune d'entre elles, s'il est pris « *antequam eo pervenerit quo perferre ac deponere rem destinasset* » (Inst. IV. I. 3). Paul ne veut pas dire autre chose dans la loi 6, *h. t.* : « *Quamvis enim furtum sæpe contrectando fiat, tamen initio, id est faciendi furti tempore, constituere visum est manifestus nec ne, fur esset* ». L'*initium*, ce n'est pas seulement le moment de la première *contrectatio*, mais aussi celui où chaque nouvelle *contrectatio* se produit. Il n'y a donc pas contradiction entre la règle formulée par Paul et celle précitée d'Ulpien.

c). — Autre conséquence : il peut arriver que les *contrectationes* ultérieures engendrent une action alors que l'acte initial n'avait pu le faire, en raison de la situation particulière de l'agent à cette époque. Ainsi, je n'ai pas d'action contre mon esclave qui me vole un objet (1). Elle ne m'est pas même donnée après son affranchissement, car une action qui n'a pu naître à l'origine contre le *fur* ne peut prendre vie ultérieurement. Mais si cet esclave voleur continue, *une fois affranchi*, sa *contrectatio*, il pourra alors être tenu *furti* vis-à-vis de moi, parce qu'il commet en exerçant des actes de maître sur la chose, de nouveaux vols dont plus rien ne m'empêche de poursuivre la répression : « *Plane si manumissus contrectaverit, dicendum erit teneri eum furti judicio, quia hodie furtum fecit* » (L. 17, § 1. Dig., *h. t.*).

d). — Le *fur* qui perçoit les fruits (ou les produits) de

---

1. L. 17, pr. Dig. *h. t.*

la chose volée commet un *furtum* de ces fruits, parce qu'en les percevant après l'appréhension de cette chose elle-même, il renouvelle sur elle la *contrectatio*, il continue à agir en maître.

Cette opinion (1), qui n'est pas admise par tous (2), semble incontestable en présence des textes qui nous montrent les fruits perçus par le voleur comme non-susceptibles d'usucapion (parce qu'ils sont furtifs), — et qui accordent à leur sujet l'*action furti* (L. 12, C. *h. t.* — L. 48, § 5, 1. 60, Dig. *h. t.* — L. 4, § 19, Dig. *de usurp.*, XLI, III).

Sans entrer dans l'examen des produits de la chose furtive, il est à remarquer combien cette théorie de l'efficacité des *contrectationes* successives cadre parfaitement avec la doctrine qui distingue entre le part de l'*ancilla*, conçu chez le voleur, et celui qui a été conçu chez un autre possesseur non coupable du vol de la mère. Dans la première hypothèse, le part est furtif, qu'il naisse chez le voleur ou chez cet autre possesseur. Il ne l'est pas, dans la seconde hypothèse. Pourquoi ? Parce que tant que la mère a été aux mains du *fur*, elle a été l'objet d'un vol continu : si elle a conçu pendant ce temps, son part est ainsi compris, comme elle-même, dans la *contrectatio*, et se trouve atteint du vice de furtivité. Si, au contraire, elle conçoit après qu'elle a cessé d'être possédée par les *fur*, son part n'a jamais été compris dans le *furtum* (L.

---

1. Dans ce sens, Ferrini, *Appunti*, p. 33. *Pampaloni, op. cit.*, p. 306 et s.

2. Goeppert, cité par Pampaloni dont l'ouvrage contient sur ce sujet une dissertation complète.

48, § 5, Dig., *h. t.*). — Il faut noter que dans ce fragment le jurisconsulte assimile complètement le cas où l'*ancilla* a été volée étant déjà enceinte, et celui où elle a conçu après son enlèvement : les *contrectationes* ultérieures ont absolument la même efficacité que la *contrectatio* initiale.

Une décision intéressante qui se rapporte à notre sujet est celle d'Africain (L. 60 Dig., *h. t.*) : l'*ancilla* qui prend la fuite est censée commettre un vol de sa propre personne ; elle le continue en demeurant fugitive : aussi rend-elle furtif par sa *contrectatio* l'enfant qu'elle met au jour : « *ita partum quoque contrectando furtivum facit* (1) ».

---

1. Au lieu de *furtivum facit*, d'autres lisent *furtum facit*

§ III.

FURTUM REI : FURTUM USUS POSSESSIONISVE.

L'étendue de la notion romaine du vol ressort particulièrement de la formule de Paul, reproduite aux Institutes, qui nous montre le vol comme pouvant porter nonseulement sur un objet, mais encore sur son *usage* ou sa *possession*.

Je vais examiner d'abord ce qu'il faut entendre par *furtum usus* et par *furtum possessionis;* je n'aurai plus ensuite que de courtes explications à fournir sur le *furtum rei*.

I. — Furtum usus.

Le *furtum usus* consiste dans le fait, par un tiers qui détient la chose d'autrui du consentement du propriétaire, de s'en servir contrairement à la convention, ou autrement qu'elle ne l'autorisait, abstraction faite d'ailleurs de toute intention de s'approprier la chose elle-même.

Comme exemple de vols de l'usage, les textes nous citent : le cas du *dépositaire* ou du *gagiste* qui font de la chose déposée ou mise en gage un usage quelconque (Inst. IV, I, 6. — Gaïus, III, 196. — L. 29, Dig. *Dep.* XVI, III, L. 54, pr. Dig. *h. t.*) ; leur titre en effet, ne les autorisent pas à se servir de cette chose ; le cas du *com-*

modataire qui emploie l'objet prêté a d'autres fins que celle prévues au contrat : ainsi il commet un *furtum usus* s'il emporte en voyage de l'argenterie prêtée pour un repas, s'il mène à la guerre le cheval confié pour une promenade, bien plus, s'il conduit la bête de somme prêtée au-delà du terme convenu, ou enfin s'il prête à d'autres la chose qu'il détient à titre de commodat (Inst. IV, J, 6. — Gaïus, III, 196. — L. 40, 54 § 1, Dig. *h. t.* — L. 5, § 8. Dig. *Comm.* XIII, VI) (1). Dans l'hypothèse d'un *louage d'ouvrage*, il peut y avoir également *furtum usus*, par exemple de la part du foulon ou du tailleur qui se servent des vêtements à eux confiés pour les nettoyer ou les raccommoder (L. 82, pr. Dig. *h. t.*).

Dans tous ces cas, le *fur* se trouve nanti de la chose en vertu d'un contrat : il n'a pas à l'enlever pour en tirer le profit qu'il désire; le *furtum* consiste *à manier* cette chose en dehors des termes de la convention : il ne porte ainsi que sur l'usage.

On s'est demandé s'il fallait restreindre de la sorte la notion du *furtum usus.* — Ne doit-on pas au contraire voir cette même forme du vol dans tout usage illicite que fait un tiers de la chose d'autrui, — ainsi que semble l'indiquer la généralité des termes, — sans qu'il y ait à considérer si le *fur* était déjà détenteur de la chose par la volonté du maître, ou s'il a dû s'en emparer pour s'en servir, avec intention de la restituer ensuite ?

Cette opinion ne paraît pas soutenable. Ce ne peut être, en effet, par un simple hasard que tous les exem-

---

1. Cf. Aul-Gell.., VII, 15. *Val. Max.*, VIII, 2, § 3.

ples non discutables que nous offrent les textes se rapportent précisément à des cas où le *fur* détient la chose en vertu d'un titre juridique (1). On ne devait pas cependant laisser impuni le fait de s'emparer d'un objet dans l'unique but d'en faire usage, alors qu'on réprimait l'usage seul, le simple abus de jouissance, non précédé d'une soustraction. Aussi y avait-il bien *furtum* dans la première hypothèse, mais *furtum rei*.

En effet, pour faire l'usage qu'il a en vue, le *fur* est contraint de commencer par *se mettre en possession* de la chose, — ce qui est infiniment plus grave qu'un simple abus commis par un détenteur : l'usage n'est plus que l'accessoire d'une soustraction préalable. Nous trouvons là tous les éléments du *furtum rei*. Nulle part il n'est dit, dans les textes qui se rapportent à ce dernier genre de *furtum* que l'agent doit avoir l'intention de s'approprier (2) la chose : il suffit qu'il ait l'*animus lucri faciendi*, et la conscience qu'il procède *invito domino* (3).

---

1. Lorsque Paul nous dit : « *Qui alienave-re invito domino usus sit, furtum facit* » (L. 40. Dig., *h. t.*), il songe aux hypothèses où le *fur* détient la chose en vertu d'un contrat, ainsi que l'indique le membre de phrase qui précède : *qui jumenta sibi commodata longius duxerit, alienave re...*, etc. Cette formule, en apparence très générale, est précisée par l'espèce qu'il cite à titre d'exemple.

2. Les mots *intercipiendi causa* de la définition de Gaïus ne signifient pas « *en vue de s'approprier la chose* » mais bien « *en vue de réduire en son pouvoir* ». Quant à la formule *animus lucri faciendi*, nous savons déjà qu'elle équivaut à celle-ci : « *pour en tirer profit.* » Celui qui s'empare d'une chose afin de s'en servir, sauf à la restituer ensuite, *tire profit de la chose*.

3. On peut observer que Gaïus, après nous avoir dit qu'il y a *furtum* « *non solum cum quis amovet, sed generaliter cum quis*

On peut ajouter enfin, comme argument à l'appui de cette manière de voir, que c'est précisément en s'occupant du *furtum rei* que Paul examine le cas de celui qui soustrait l'*ancilla meretrix* d'autrui, *libidinis causa* (*Recept. Sent.* XXXI, II, § 30, 31, et s.). Il avait traité plus haut du *furtum usus* (§ 29). Or, c'est là justement une hypothèse où le *fur* n'avait en vue qu'un simple usage de la chose : c'est dans un but de débauche qu'il enlevait l'esclave, et non dans le but de s'enrichir en se l'appropriant. Il semble bien résulter de la place même occupée par cette espèce dans le passage de Paul que le jurisconsulte y voit, non un *furtum usus*, mais un *furtum rei* (1).

Le *furtum usus* n'est donc possible que de la part d'un tiers détenteur de la chose : il s'analyse, au fond, en une violation du contrat, dans une jouissance abusive de l'objet détenu. C'est là une conception étrangère aux législations modernes, qui ont su distinguer plus nettement l'illicite civil de l'illicite pénal. L'abus de confiance a bien avec le *furtum usus* ce caractère commun que le délinquant a trompé la confiance du propriétaire de la chose,

---

contractat » (III, 195), nous cite immédiatement comme exemples de *furta* appartenant à cette dernière catégorie, *des vols de l'usage* commis par un *dépositaire*, un *commodataire*; il semble bien que, pour le jurisconsulte l'*amotio* soit la caractéristique du *furtum rei :* celui qui s'empare d'une chose, dans le seul but de s'en servir, commet une *amotio*, c'est-à-dire *furtum rei*.

1. Nous avons déjà vu (*supra*, p. 18) que la même hypothèse est résolue par Ulpien en sens contraire (L. 39. Dig. *h. t.*). Le jurisconsulte ne voit pas, dans le fait en question, un *furtum rei*, mais il n'y voit pas davantage un *furtum usus*. Ce dissentiment entre Paul et Ulpien est sans intérêt au point de vue qui nous occupe ici.

mais il en diffère profondément puisqu'il suppose détournement, appropriation, tandis que le *furtum usus* n'implique même pas nécessairement une diminution de valeur. Nous voyons ainsi dans cette extension particulière du *furtum* une idée exclusivement romaine.

II. — Furtum possessionis.

La plupart des auteurs (1) voient le *furtum possessionis* dans les hypothèses où le propriétaire soustrait sa propre chose à un tiers qui en est nanti, et qui a le droit de la retenir. En pareil cas, dit-on, le *fur* ne peut voler la chose elle-même, puisqu'elle lui appartient de par son droit de propriétaire : ce qu'il usurpe, c'est la jouissance et la possession de cette chose, en violation du droit d'autrui. Le *furtum possessionis* consisterait donc dans le *furtum rei propriæ*. Il aurait lieu par exemple :

1° Lorsque le débiteur soustrait à son créancier la chose qu'il lui a donnée en gage (Inst. IV, I, 10 et 14. Gaïus, III, 200. Paul. Sent. II, XXXI. 19. L. 19, § 5. Dig., *h. t.*).

2° Lorsque le nu-propriétaire soustrait à l'usufruitier l'objet de son usufruit (L. 15, § 1. L. 20, § 1. Dig., *h. t.*).

3° Lorsque le propriétaire soustrait la chose au possesseur de bonne foi, ou au commodataire, alors que celui-ci avait un droit de rétention pour impenses faites

---

1. Accarias. *Précis*, II, p. 626. Desjardins, p. 90, et les auteurs cités par Ferrini (Klien, Unterholzner, Walchter, Wangerow, Schirmer, etc.). Bry, p. 479.

(Gaïus III, 200. L. 15, § 2. L. 20, § 1. L. 53, § 4. L. 59; Dig. *h. t.*).

On peut faire certaines objections à cette manière de comprendre le *furtum possessionis*.

a). — Il faut d'abord, pour accepter une telle explication, dépouiller le mot *possession* de son·sens juridique; ce système, en effet, arrive à voir un *furtum possessionis* dans des hypothèses où la victime du vol n'avait pas de possession, mais bien un simple droit de *rétention :* tel est le cas, par exemple, du commodataire, dépouillé par le propriétaire, alors qu'il avait fait des impenses sur la chose prêtée. Or, il est assez difficile de penser que Paul, dans sa définition (1), ait donné au mot *possessio* un sens aussi large, et ne l'ait pas pris dans son acceptation technique. Dans d'autres cas, il est vrai, le volé a bien un droit de possession (p. ex. gagiste, possesseur de bonne foi); et on pourrait voir là un *furtum possessionis*, sans dénaturer le sens de ce mot; mais l'exactitude de la formule dans certaines hypothèses ne justifie pas son inexactitude dans d'autres, que la doctrine dominante assimile tout-à-fait, et où, incontestablement il n'y a pas de possession chez la victime du *furtum*. Il y a d'ailleurs une raison particulière de douter que les jurisconsultes aient vu un *furtum possessionis* dans le cas où le débiteur soustrait la chose mise en gage: c'est qu'ils examinent en même temps le cas du débiteur hypothécaire qui aliène contre ou sans la volonté du créancier la chose hypothéquée, conservée par devers lui (L. 19 § 6. — L. 66.

---

1. L. 1, § 2, *Dig. h. t.*

pr. Dig., *h. t.*). Les deux hypothèses sont mises sur le même rang, et paraissent constituer un même genre de *furtum*. Or, dans la dernière, le vol ne porte pas atteinte à la possession. Dans un cas comme dans l'autre, ce n'est donc pas la possession que les jurisconsultes ont voulu protéger, mais le droit de gage lui-même.

b). — D'autre part, pour admettre une théorie qui dénature ainsi dans bien des cas, le sens du mot *posses-sion*, il faudrait au moins de sérieux arguments de texte. Or, précisément, ceux-ci font défaut. Les textes disent bien qu'il y a *furtum* dans les hypothèses indiquées plus haut (V. *supra*), mais on ne voit pas qu'ils fassent la moindre allusion à cette forme du vol, qualifiée de *furtum possessionis*. Tout au contraire, ils s'expriment exactement comme s'ils avaient en vue un *furtum rei* (1). Et, de fait, quelque puisse être la qualité du *fur*, son acte n'a-t-il pas toutes les apparences d'un *furtum rei?* Ne consiste-t-il pas dans une *amotio*, qui, nous l'avons observé (2), paraît être la caractéristique du *furtum rei ipsius?*

Il est donc assez douteux que le *furtum possessionis* se réalise dans les hypothèses où le propriétaire soustrait sa propre chose.

On a proposé une autre explication (3), qui semble

---

1. C'est ainsi qu'ils parlent de *rem contrectare*, de *rem subri-pere* (Gaïus., III, 200 et 204, Inst., IV, I, 10 et 14. L. 19, § 5. L. 20, § 1. Dig., *h. t.*), etc.

2. V. *supra*, p. 48.

3. Ce système, soutenu par de très anciens commentateurs, a été défendu en Allemagne par *Marezoll* et par *Buckholz*. Vive-

plus satisfaisante. Dans ce système, il y aurait *furtum possessionis* dans le cas où le détenteur de la chose d'autrui (p. ex. le dépositaire, ou le gagiste) conçoit, et manifeste clairement l'intention frauduleuse de s'approprier la chose, de la tenir désormais pour sienne : il commettrait ainsi un *furtum*, non de la *res,* puisqu'il la détient déjà, mais de la *possession* qu'il n'avait pas, et qu'il s'attribue au mépris de celle du *dominus* (1).

Avant d'examiner les arguments à l'appui de cette opinion, écartons les objections, faciles à prévoir, qu'on lui oppose.

a). — On fait observer, en premier lieu, qu'il est inexact de représenter le créancier-gagiste comme *volant la possession*, puisque, précisément, il a déjà la possession, avant le jour où il a conçu la pensée de l'appropriation frauduleuse. Mais on peut répondre que la possession du gagiste n'est qu'une possession *sui generis* qui coexiste avec la possession *ad usucapionem* chez le propriétaire. Le jour où ce gagiste conçoit l'intention de s'approprier la chose, le jour, en d'autres termes, où il revêt l'*animus domini*, il usurpe réellement la possession du maître : on peut dire qu'il lui *vole sa possession*.

b). — On remarque en outre que le détenteur, dans les hypothèses qui nous occupent, vise à s'approprier, en définitive, la chose elle-même, tout entière : c'est donc

---

ment attaqué, notamment par *Waechter*, il paraissait abandonné, lorsqu'il a été repris par *Ferrini* qui le soutient avec vivacité dans les trois ouvrages cités.

1. Dans une autre opinion, adoptée par *Bachem,* on estime que le *furtum possessionis* ne serait pas une forme particulière du vol.

un *furtum rei* qu'il commet et non pas simplement un *furtum possessionis*. Mais, en raisonnant ainsi, on méconnaît le véritable fondement de la distinction que fait Paul entre le *furtum rei* d'une part, et le *furtum usus* et le *furtum possessionis* de l'autre. Ces trois espèces de vols se distinguent en effet les unes des autres, non pas d'après le but que s'est proposé le *fur*, mais d'après la manière dont il a opéré. Y a-t-il eu *amotio rei*, nous nous trouvons en présence d'un *furtum rei*, quelque soit le but du voleur ; dans le cas contraire, c'est un *furtum usus* ou un *furtum possessionis* suivant les circontances. Dans cette dernière hypothèse, bien que le voleur tende à s'approprier la chose tout entière, son vol est accompli au moyen d'une simple *mutatio possessionis ;* il n'y a donc pas *furtum rei*, dans le sens étroit de cette expression, mais bien *usurpation de possession*, conversion de possession naturelle en possession civile, ou de possession dérivée en possession proprement dite.

Si l'on écarte ces deux objections, on est fondé à dire qu'il y a un véritable *vol* de *possession* dans le fait du détenteur de la chose d'autrui qui s'*attribue la possession de cette chose*. L'expression *furtum possessionis* est ainsi prise dans son sens juridique. Mais cette théorie ne peut-elle invoquer d'autres arguments ? N'est-elle qu'une conjecture, sans appui de texte ?

Non ; on cite notamment à l'appui le passage suivant de Celse :

« *Infitiando depositum nemo facit furtum ; nec enim est furtum ipsa infitiatio, licet prope furtum est. Sed si possessionem ejus apiscatur intervertendi causa facit furtum* (L.

67, pr. Dig., *h. t.*). (Cf. le fragment de Marcellus, L. 20, Dig. *de adq. poss.*, XLI, 2) (1).

Ces expressions des textes « *apisci possessionem, intervetere possessionem* », que Celse emploie en parlant précisément du genre de vol qui nous occupe, sont par elles-mêmes assez significatives ; n'est-il pas permis de conclure que les Romains désignaient sous le nom de *furtum possessionis* cette forme de l'appropriation frauduleuse qui consiste dans une *interversio possessionis ?* Pour compléter l'induction, on peut remarquer que d'autres textes emploient l'expression *rem intervetere* quand il s'agit d'un *furtum rei* (L. 43, § 10, Dig., *h. t.*) et même de l'un de ces cas où le système contraire voit un *furtum possessionis* (L. 20, pr. Dig., *h. t.*).

Ajoutons qu'il semble résulter de la formule même de Paul que le *furtum possessionis* doit être rapproché du *furtum usus*, que ces deux formes du vol ont l'une et l'autre un trait commun, permettant de les classer à part, et de les opposer toutes deux au *furtum rei :* or, cette analogie consiste en ceci, que dans ces deux cas, il y a *furtum* sans enlèvement ou déplacement de l'objet ; le *furtum* consiste dans un *abus de* la *confiance* que le propriétaire avait placée dans le détenteur de la chose. Ce rapprochement dans la formule de Paul, est facile à constater : le jurisconsulte distingue nettement d'une part le *furtum rei (vel ipsius rei)* ; d'autre part, les deux autres

---

1. Aulu-Gelle rapporte une opinion de Sabinus conçue dans des termes analogues : « *Condemnatum quoque furti colonum qui fundo quem conduxerat vendito, possessione ejus dominum intervertisset* (XI, 18, 12).

formes du vol, (*vel etiam usus ejus, possessionisve*). N'est-
ce pas cette même distinction que veut faire Gaïus, dans
sa définition déjà citée (III, 195)? Nous voyons que
le jurisconsulte s'occupe d'abord du vol qui consiste
dans une *amotio rei intercipiendi causa* : c'est le vol de
la chose elle-même, le *furtum rei*. Puis, dans la seconde
partie de sa phrase, il parle des vols qui ont lieu sans
amitio rei : n'entend-il pas désigner ici le *furtum usus*
et le *furtum possessionis* (1) ?

Ainsi entendu, le *furtum possessionis* se rapprocherait
beaucoup (2) de *l'abus de confiance*, de *l'appropriazione
indebita* des modernes. La différence profonde qui sépare
le vol proprement dit (ou l'escroquerie, cette autre forme
du vol), de la simple violation d'un contrat fiduciaire
n'aurait donc pas échappé entièrement aux Romains.
Leur tact juridique ne leur a pas permis de confondre la
dépossession par ruse ou par violence, qui caractérise le
vol, avec l'acte, bien moins dangereux, bien moins coupable, de celui qui, nanti de la chose, cède à l'occasion,
et se l'approprie indûment. En classant à part le *furtum
usus* et le *furtum possessionis*, en les opposant l'un et

---

1. Ce texte de Gaïus donne lieu à une remarque intéressante :
l'expression *invito domino* ne figure que dans le second membre
de phrase : pourquoi? Parce que, lorsque le vol a lieu *amotione
rei*, il est peu vraisemblable que cette *amotio* puisse avoir lieu du
consentement du maître. Mais lorsqu'au contraire il s'agit d'hypothèses où la chose volée se trouve déjà aux mains du *fur* du
consentement du maître, il devient très important d'insister sur
cette circonstance que le *fur* agit *invito domino*. Voilà pourquoi
Gaïus en parle seulement à ce sujet.

2. Il est à peine besoin de remarquer qu'il n'y a pas identité
absolue.

l'autre au *furtum rei*, les jurisconsultes auraient montré qu'ils savaient distinguer ces deux ordres d'hypothèses. Si l'on admet cette interprétation du *furtum possessionis*, il est intéressant de constater à quelle lointaine origine remonte la distinction aujourd'hui élémentaire entre le vol et l'abus de confiance (1).

Il nous reste à résoudre une question importante : nous avons vu qu'il n'y a pas de *furtum* sans *contrectatio :* en quoi consiste la *contrectatio* dans le *furtum possessionis* ainsi compris ? La réponse est simple : la *contrectatio* a précédé l'*animus furandi;* elle a eu lieu au moment où le *fur* a appréhendé la chose. Sans doute, l'acte par lequel le dépositaire ou le commodataire reçoit l'objet est parfaitement licite : mais si plus tard ce commodataire ou ce dépositaire conçoit l'intention frauduleuse de s'approprier la chose reçue, cette intention donne à l'acte originaire d'appréhension le caractère d'une *contrectatio* (2). Les deux éléments du vol sont ainsi réalisés. Le *furtum* prend naissance, de même que la simple détention se convertit en possession civile, lorsque l'*animus possidendi* vient s'adjoindre à l'élément matériel préexistant, au *corpus* (3).

Cette doctrine paraît bien être celle de Celse, dans le

---

1. M. Desjardins (*op. cit.*, p. 14) montre que la distinction entre le vol et l'abus de confiance existait dès la plus haute antiquité. Il en a retrouvé la trace dans l'ancien droit des Hindous.

2. Nous avons vu plus haut (p. 21) qu'il n'était point nécessaire que les deux éléments prissent naissance en même temps.

3. V. sur ce point, Ferrini, *Diritto penale*, p. 153 et s. *Appunto* p. 17 et s.

fragment important déjà cité (L. 67, *h. t.*): le simple fait de nier un dépôt, dit le jurisconsulte, n'est pas un *furtum ;* en effet, le refus de restituer n'implique pas necessairement l'intention de s'approprier la chose, l'*animus domini* nécessaire pour constituer le *furtum possessionis.* Mais il y a *furtum* si cette intention a réellement pris naissance, (*sed si possessionem ejus apiscatur intervertendi causa, facit furtum*). Aucun acte matériel nouveau n'est exigé (*nec refert in digito habeat anulum an dactyliotheca, quem cum deposito teneret, habere pro suo destinaverit*).

Toutefois, d'autres jurisconsultes, appliquant d'une manière plus rigoureuse le principe qu'il n'y a pas vol sans *contrectatio*, exigeaient un nouvel acte matériel, qui vint manifester extérieurement l'intention frauduleuse. Ainsi, pour que le dépositaire ait commis un *furtum* de la chose déposée, il fallait qu'il l'eût cachée, ou changée de place : « *is qui depositum abnegat non statim etiam furti tenetur, sed ita si id intercipiendi causa occultaverit* (L. 1, § 2, *h. t.* L. 3, § 18, Dig., *de adq. poss.* XLI, II). On doit voir dans cette doctrine un vestige de l'idée ancienne qui faisait consister le *furtum* dans l'*amotio rei :* cette *amotio* n'étant pas possible lorsque le *fur* est nanti de la chose, on voulait à tout le moins qu'un acte matériel, tel qu'un déplacement de l'objet, en tint lieu.

<h3 align="center">III. — Furtum rei.</h3>

A la différence du *furtum usus* et du *furtum possessionis* qui ont un champ d'application relativement restreint et assez nettement déterminé, le *furtum rei* comprend un nombre de cas très divers, ayant pour caractère commun l'improbité, qu'il serait difficile et d'ailleurs peu utile de passer tous en revue. Je me bornerai à indiquer les plus remarquables, en signalant les incriminations modernes auxquels ils paraissent correspondre.

Si variées que soient les formes de la *contreclatio* dans le *furtum rei*, observons qu'elles peuvent, en principe, se rattacher à l'un des deux types suivants. La *contreclatio* peut résulter soit d'une prise de possession de l'objet par le *fur* sous forme *d'occupation* : c'est dans ce cas que nous retrouvons le vol moderne; soit d'une prise de possession, ensuite d'une *tradition* viciée par une erreur substantielle du *tradens*, et connue du *fur* (1). Nous verrions aujourd'hui dans ces hypothèses, soit une escroquerie, soit un autre délit; quelques-unes même ne constituent plus une infraction pénale.

a). — La *soustraction* frauduleuse d'une chose mobilière, qui caractérise le vol moderne, est évidemment le type du *furtum rei* ; il est même probable qu'à l'origine, elle constituait seule le *furtum* ; et ce n'est qu'à la longue que les jurisconsultes en ont étendu la notion. Il est inutile d'insister sur cette hypothèse, la plus simple et la plus normale.

b). — A la soustraction de l'objet lui-même, on peut rattacher le fait d'altérer un *instrumentum*, et d'enlever ainsi à un créancier la preuve de son droit. Un tel fait

---

1. Il y a dans les deux cas *amotio rei*, c'est-à-dire enlèvement de la chose, *translation* de l'objet du patrimoine du maître dans les mains du *fur*.

constitue un *furtum*, et son auteur est traité comme
celui qui enlève l'*instrumentum* (L. 27, § 3, l. 31, § 1,
1. 52, § 23, Dig., *h. t.*). C'est sous l'incrimination de *faux*
que pourrait se ranger aujourd'hui un tel délit.

c). — Il y a *furtum* dans des cas où l'agent, sans soustraire la chose, en obtient la remise en faisant usage de
moyens frauduleux. C'est là un champ assez vaste, qui
embrasse des faits où nous verrions aujourd'hui, dans
certaines circonstances au moins, l'escroquerie.

Ainsi, si je me fais payer par le débiteur de Titius une
somme d'argent, en me donnant pour Titius lui-même
ou pour son mandataire, je commets un *furtum* (L. 43,
pr. et § 1, Dig., *h. t.*). De même, si je me fais passer
pour l'héritier du créancier véritable (L. 80, § 6, Dig.,
h. t.), ou si alléguant faussement que je suis le maître
d'un esclave fugitif, je me le fais remettre par le magistrat (L. 52, § 12, Dig., *h. t.*).

Mais il n'y a délit qu'autant qu'il y a eu remise effective de l'objet : une simple promesse obtenue ne rend
pas le stipulant coupable de *furtum;* en effet, il n'y a pas
contrectatio (L. 75, Dig., *h. t.*). On considère d'ailleurs la
remise faite aux mains d'un délégataire du *fur* qui a pris
la fausse qualité de créancier, comme faite au *fur* lui-
même, pourvu toutefois que ce dernier soit présent à la
remise ; si celle-ci a lieu hors sa présence, il n'y a pas
furtum (L. 43, § 2, Dig., *h. t.*). Cette distinction d'Ulpien se fonde sur cette idée, un peu subtile, que le faux
créancier est censé avoir reçu, c'est-à-dire *manié* les
fonds, puis les avoir passé à son délégué, ce qui suffit
à opérer la *contrectatio*.

d). — Les jurisconsultes qualifient de *furtum* certaines tromperies sur la quantité des marchandises livrées, au moyen de faux poids (L. 52, § 22. Dig. h. t.). Le texte d'Ulpien prévoit seulemeut l'hypothèse où c'est l'acheteur qui a trompé le vendeur en faisant usage de faux poids : le *furtum* consiste dans la *contrectatio* de la quantité que le *tradens* n'a livrée que par suite d'une erreur matérielle.

e). — Il y a *furtum* de la part de celui qui ayant reçu ma chose pour l'examiner, refuse de la rendre en alléguant qu'il l'a perdue, ou qui ayant sauvé une brebis que le loup emportait, ne veut pas la restituer au propriétaire qui la réclame (L. 44, *de adq. rer. dom.* XLI, I). Je suis coupable de vol, si je reçois et je garde la chose d'autrui que le propriétaire m'avait remise, se croyant tenu de me la restituer (L. 44, § 1, Dig., *h. t.*). Les principes du droit moderne ne permettraient pas d'incriminer, — sauf circonstances spéciales, — la plupart de ces faits, si frauduleux et si dommageables qu'ils soient (1). Le système romain est certainement préférable.

f). — Enfin, la nécessité de protéger les propriétaires d'esclaves avait inspiré aux jurisconsultes de nombreuses

---

1. On sait que la jurisprudence française, s'efforçant d'atteindre de tels actes, considère comme un vol le fait du débiteur qui refuse de rendre à son créancier le titre constitutif de son obligation, qu'il s'est fait communiquer sous prétexte d'acquitter la dette (V. les arrêts dans Garraud, *op. cit.*, V. 90). La distinction que font les arrêts entre la remise *volontaire* et la remise *nécessaire* se justifie difficilement en droit (Sur la question, V. Garraud, *l. cit.*). Le Code pénal italien contient sur ce point des dispositions intéressantes (art. 417 et 420 3°).

décisions où nous voyons rattachés, un peu arbitrairement, au *furtum*, des faits qui ne paraissent guère en
présenter le caractère. Comme le fait observer M. Desjardins. « Une société où l'esclavage existe, où il acquiert
un développement immense, doit prendre des précautions
pour garantir le droit qu'elle reconnaît au maître. » Or,
ce que le maître a à redouter ce n'est pas tant le vol
proprement dit, la soustraction de la personne de l'esclave, — elle n'est guère possible que pour les jeunes
enfants, — c'est la *fuite* de l'esclave; et par suite, on a
cherché à atteindre, dans l'intérêt du maître, le tiers qui,
en cachant l'esclave, empêchait le propriétaire d'en
recouvrer la possession.

Anciennement, le fait seul de favoriser la fuite de l'esclave et celui de le recevoir, paraissent avoir été considérés comme des vols. Plus tard, alors que les principes
sur le *furtum* étaient mieux établis, on se refusa à voir
un vol dans ces seules circonstances, parce qu'elles n'im-
pliquaient pas nécessairement *contrectatio* (L. 62, 1. 48,
§ 2 et 3, Dig., *h. t.*). Mais on persiste à regarder comme
fur celui qui *cachait* l'esclave (Gaïus, III, 200, 1. 48, § 2,
Dig., *h. t.*) et celui qui, — nous avons déjà vu cette
hypothèse, — en se présentant comme le propriétaire, se
fait remettre l'esclave fugitif.

BIBLIOGRAPHIE

Bulletin de la Société Générale des Prisons (*passim* et spécialement années 1888 et 1890).

Bulletin de l'union internationale de droit pénal.

Garraud. — *Traité théorique et pratique du Droit pénal français* (5 vol. Larose et Forcel).

L. André. — *La Récidive, théorie d'ensemble et commentaire
détaillé des lois préventives et répressives, avec une
préface de M. Barthou, rapporteur de la loi Bérenger
devant la Chambre* (1 vol. Paris, Chevalier-Marescq.
et Cⁱᵉ, 1892).

Bernard. — *La loi du Pardon, étude sur le projet de loi relatif aux condamnations conditionnelles* (Disc. de rentrée, *Gaz. des Trib.*, 30 octobre 1890).

Brégeault. — *Commentaire de la loi du 26 mars 1891* (Lois
nouvelles, 1891, p. 297).

Brocard. — *La loi sur l'atténuation et l'aggravation des peines* (Disc. de rentrée, *Gaz. des Trib.*, 11 octobre 1891).

Capitant. — *La loi du 24 mars 1891* (*Revue critique*, juin
1891, t. XX, p. 368).

Du Chêne. — *De l'atténuation et de l'aggravation des peines*
(*Revue Cath. des Institutions et du Droit*, 1891 et
1892).

Dalloz. — *Supplément au Répertoire* (Vᵒ Peine, nᵒ 215 et s.).

Delalande. — *Etude théorique et pratique sur la loi du 26
mars 1891* (1 vol. Impr. du Journal du Havre, 1893).

Fontaine. — *La loi Bérenger dans ses origines, ses avantages et ses applications* (Paris, Pedone-Lauriel).

De Forcrand. — *Commentaire de la loi du 26 mars 1891* (1 vol. Paris, Marchal et Billard, et *Journ. du Minist. public*, 1892).

Gautier, professeur à l'Université de Genève. — *A propos de la condamnation conditionnelle* (1) (Berne, 1890. *Extrait de la Revue pénale suisse*, 3e année).

Laborde. — *Questions pratiques sur la loi du 26 mars 1891* (*Lois nouvelles*, 1891, p. 401). — *Cours élémentaire de Droit criminel* (Paris, Rousseau).

Locard. — *Commentaire de la loi du 26 mars 1891* (Paris, Pedone-Lauriel, 1891).

Mahoudeau. — *Commentaire de la loi du 26 mars 1891.*

Nègre et Gary. — *La loi Bérenger et ses applications* (1 vol. Paris, Chevalier-Marescq et Cie).

Prins, professeur à l'Université de Bruxelles. — *La loi sur la libération et la condamnation conditionnelle en Belgique* (*Bull. de la Soc. générale des Prisons*, 1888, p. 934, et 1889, p. 183).

L. Treppoz. — *La loi Bérenger* (Disc. de rentrée, Monaco, 1892).

Typaldo Bassia. — *La loi du 26 mars 1891* (*Revue critique*, 1892, p. 657).

Worms. — *Les Condamnations conditionnelles* (1 broch. Paris, Giard, et *Bull. soc. pris.* 1891, p. 370).

---

1. Cet ouvrage contient la bibliographie des auteurs allemands.

DROIT FRANÇAIS

ÉTUDE THÉORIQUE ET PRATIQUE

SUR LES CONDAMNATIONS CONDITIONNELLES

(Loi Bérenger)

INTRODUCTION

Parmi les lois récentes destinées à combattre la récidive, aucune n'a excité à un plus haut degré l'attention que celle du 26 mars 1891, sur *l'atténuation et l'aggra-vation des peines*, à laquelle la voix publique a attaché, par un légitime hommage, le nom de son éminent auteur, M. le sénateur Bérenger.

Elle comprend, en sept articles, deux parties distinctes: la première a pour but de prévenir les récidives par un traitement particulier de faveur envers les délinquants primaires; la seconde qui modifie les articles 57 et 58 du Code pénal, est consacrée aux mesures répressives. De là, cet intitulé de la loi, qui surprend par son antithèse.

Ces deux parties, si profondément différentes, ont donc un objet commun : la lutte contre la récidive. C'est pourquoi le législateur les a réunies dans une même loi, marquant ainsi que l'indulgence envers les délinquants d'occasion, avait pour contre-partie nécessaire la rigueur envers les incorrigibles.

Je me propose d'étudier ici la première partie de la loi Bérenger, qui institue dans notre droit le système de la *condamnation conditionnelle.*

Cette expression ne figure ni dans le texte ni dans l'intitulé de la loi, qui emploient celles de *suspension* et *d'atténuation* de la peine. Mais on ne saurait accepter ni l'une ni l'autre de ces appellations. Le nouveau système *n'atténue* pas la peine, qui demeure ce qu'elle est ; et s'il est vrai qu'il a pour effet principal de *suspendre* la peine (ou plutôt son exécution), il produit aussi d'autres conséquences qui ne sont pas indiquées par cette dernière formule (1). Il n'est donc pas possible de puiser dans la loi elle-même une désignation exacte de l'institution, et un titre pour cette étude. J'ai cru pouvoir adopter l'expression de *condamnation conditionnelle* consacrée par un usage assez constant et autorisé par l'exemple du législateur belge. Elle a le mérite d'être plus simple que les autres qualifications proposées (2) ; et si elle n'est pas

---

1. Le projet de révision du Code pénal français traite la question sous la rubrique « *Du sursis à l'exécution* » expression peu exacte, car elle ne tient pas compte du caractère conditionnel du sursis.

2. *Remise conditionnelle de la peine, sursis conditionnel à l'exécution, jugement avec peine conditionnelle, condamnation*

d'une très rigoureuse exactitude, nous verrons cependant qu'elle peut se justifier en un certain sens (1).

Cette étude comprendra deux parties.

La première sera consacrée à l'examen théorique du système, dans son principe, dans ses grandes lignes, dans ses rapports avec les autres mesures destinées à prévenir les récidives. La seconde, qui sera le commentaire de la loi de 1891, comprendra l'étude des textes. C'est à ce dernier point de vue pratique que se sont surtout placés les nombreux auteurs qui ont écrit sur la matière.

Tout semble en effet avoir été dit sur la condamnation conditionnelle en général et sur la loi Bérenger en particulier. Et cependant la question est loin d'être épuisée. Passionnément discutée entre les criminalistes, elle n'a pas encore trouvé, dans les congrès pénitentiaires internationaux, une approbation définitive. En dehors même du cercle spécial des hommes voués par profession à l'étude des lois pénales, elle a provoqué partout un vif intérêt et suscite encore les appréciations les plus diverses.

On a prédit à l'institution le plus brillant avenir. « *La libération conditionnelle a fait le tour du monde ; la condamnation conditionnelle l'imitera dans sa marche triomphale* », a dit un criminaliste distingué (2). La prophétie se réalisera-t-elle ? Je ne sais. Toujours est-il que la dis-

---

avec exécution conditionnelle ; cette dernière qualification est peut-être la plus juste ; et cependant elle ne tient pas compte de la résolution possible de la condamnation elle-même (V. sur ce point, Gautier, p. 2). MM. Nègre et Gary proposent l'expression de *condamnation rachetable.*

1. V. *infra,* n° 26.

2. M. V. Listz.

cussion n'est pas close. Si les textes sont suffisamment élu-
cidés aujourd'hui par la jurisprudence et la doctrine, la
question de principe n'a pas cessé d'être à l'ordre du jour
de la science contemporaine; et c'est pourquoi je lui ai
consacré, dans ce travail, la plus large part.

PREMIÈRE PARTIE

CHAPITRE PREMIER

GÉNÉRALITÉS SUR LA RÉCIDIVE ET LES ORIGINES DE LA LOI DU 26 MARS 1891.

1. — L'accroissement progressif de la criminalité (1) a sa cause principale dans la récidive. C'est là une vérité sur laquelle il n'est plus nécessaire d'insister. Les statistiques, en constatant cette augmentation continue des actes délictueux, démontrent en même temps que le nombre des délinquants poursuivis une première fois va en diminuant. Ainsi, pour ne prendre que la dernière période quinquennale dont il a été rendu compte, de 1886 à 1890, le nombre des arrêts ou jugements rendus contre

---

1. Dans la *France criminelle*, M. Henry Joly a démontré que, pendant ce demi-siècle, la criminalité générale de la France avait augmenté de 133 pour 100. Le nombre annuel des actes délictueux était, en 1825, de 58,000; de 1856 à 1860, il s'est élevé à 123,000. De 1876 à 1880, il a atteint 171,000. De 1886 à 1888, il s'est chiffré par 193,000.

V. Sur la question, outre les *Comptes généraux de Justice Criminelle*, l'ouvrage précité d'H. Joly; Garraud, II, p. 307 et le *Problème moderne de la pénalité,* du même auteur.

des récidivistes est monté de 92.825 à 100.781 (*soit une augmentation de 85 p. mille*), alors que celui des condamnations prononcées contre des individus comparaissant pour la première fois devant la justice est descendu de 109.876 à 106. 544 (*soit une diminution de 27 p. mille*). Ce simple rapprochement, qu'on pourrait faire pour d'autres périodes, suffit à montrer l'influence de la récidive sur la criminalité générale. Celle-ci n'a pas une tendance à se propager, mais elle se concentre. Le crime et le délit se localisent et semblent devenir le monopole d'un certain nombre d'individus.

2. — Il est intéressant de noter — pour préciser davantage l'état de la question — que la progression de la criminalité générale coïncide avec une diminution de la grande criminalité (1). C'est donc en matière correctionnelle que la progression n'a cessé de se produire : il faut, en conséquence, voir dans la récidive correctionnelle, la cause principale du mal dont tous les efforts n'ont pu arrêter les progrès.

§ 1. — Lois préventives et répressives.

Trois lois principales résument ces efforts.

---

1. A peu près stationnaire de 1826 à 1855, elle décroît depuis cette époque. Le nombre moyen annuel des affaires portées devant les Cours d'assises, qui était de *4155* pendant la période 1856-1860 descend à *3853* pendant la période 1871-1875, et à *3342* en 1881-1885. En 1890, il tombe à *2918*. Il faut remarquer toutefois que cette diminution peut être due en partie au procédé de plus en plus pratiqué de la *correctionalisation*.

1. — Emprisonnement cellulaire.

4. La loi du *5 juin 1875* s'est inspirée de l'idée incontestablement vraie que la prison en commun engendre la corruption au lieu de la combattre. Chercher à prévenir la récidive, comme la médecine prévient la contagion en isolant le malade, c'était assurément envisager la question par le bon côté. Il n'est plus besoin aujourd'hui de réfuter les objections bien vieillies contre la cellule. Seule, elle peut offrir des chances d'amendement et produire un effet sérieux d'intimidation. Tout en préservant le délinquant primaire, elle effraie le malfaiteur de profession (1). Malheureusement, la loi de 1875 qui contenait peut-être le remède, est restée une réforme sur le papier (2). En 1893, sur 379 prisons départementales, 25 seulement avaient été adaptées aux nécessités du régime cellulaire. Pour une population moyenne de 26000 détenus, il n'existait jusqu'à ces dernières années que 4300 cellules environ (3). En continuant de la sorte, il faudrait plusieurs siècles pour achever la réforme ; et on comprend que dans de telles conditions le régime cellulaire, réservé à quelques privilégiés de la prison, n'ait pu exercer une influence quelconque sur la récidive.

---

1. On a souvent remarqué que les endurcis de la prison s'écartaient des arrondissements où il existe des prisons cellulaires.

2. On sait que la réforme a été entravée par des difficultés budgétaires. La loi de 1875 n'avait pas songé à rendre la dépense obligatoire pour les départements.

3. Consulter le rapport de M. Dubois sur la loi du 4 février 1893.

Aussi a-t-on dû chercher à compléter la loi de 1875 : c'est le but de la loi du 4 février 1893, si longtemps attendue (1), qui impose dans de certaines conditions la réfection des prisons départementales non encore transformées.

II. — **Relégation.**

5.—La loi du 27 *mai* 1885 s'est placée uniquement au point de vue de la répression à outrance. Elle repose sur cette idée, juste en principe, que vis-à-vis des incorrigibles, la société a non-seulement le droit, mais le devoir de se défendre de la manière jugée la plus efficace, au besoin par l'*élimination* du malfaiteur. On a pensé qu'en rejetant les récidivistes endurcis hors du monde civilisé, en les supprimant en quelque sorte, on atteindrait la récidive dans sa source même. Les résultats de cette loi, sur laquelle se fondait tant d'espoir, ont été nuls jusqu'ici. La mise en pratique, — fort onéreuse pour le trésor (2), — de la *doctrine du débarras*, a bien pu écarter de la métropole un certain nombre de vétérans de la prison : elle n'a en aucune façon enrayé le mouvement de la récidive, surtout de la petite récidive. Tout au plus, peut-on constater un arrêt dans la progression du vagabondage,

---

1. Le projet était présenté au Sénat en 1884 ; il lui a fallu neuf ans pour aboutir.

2. Le relégué coûte 3 francs par jour, alors que le détenu de longue peine, transfèrement compris, ne coûte que 0,90 centimes. (*J. offic.*, 23 juin 1891 : rapp. du Gouverneur de la Nouvelle-Calédonie).

et une réduction du chiffre des récidivistes légaux. (1) Au total, — les statistiques le proclament, — l'effet de la loi ne s'est pas encore fait sentir. Je n'ai pas à rechercher ici les causes de cet insuccès. Je dois me borner à le signaler, et à noter en outre l'hésitation de plus en plus marquée de la magistrature à prononcer des peines entraînant la rélégation (2). Le nombre moyen annuel des relégués n'atteint pas 1500 ; depuis la mise en vigueur de la loi, 8534 individus seulement ont été soumis à la mesure qu'elle édicte (3). Si l'on rapproche ces chiffres de ceux qu'accuse la statistique sur l'accroissement de la récidive, on ne saurait être surpris que la loi de 1885 ait été jusqu'ici sans portée appréciable.

III. — **Libération conditionnelle.**

6. — Aux mesures de répression succèdent les mesures préventives : c'est à prévenir la récidive que s'attache

---

1. V. le rapp. de la Commission de classement sur l'application de la loi pendant la première période quinquennale (*Bull. offic. Minist. just.*, 1891, p. 352), et pour l'année 1891 (*Bull.,* 1892, p. 129). Cf. Comptes généraux de la Just. Crim., notamment pour les années 1889-1890. Sur la relégation et le vagabondage, v. Garraud, IV, p. 96.

2. Elle trouve ainsi un moyen indirect d'échapper à la contrainte de la loi, et c'est la répression qui en souffre. Les condamnations à la relégation ont suivi la progression descendante suivante, depuis 1887 : *1934, 1628, 1231, 1035, 970*. Le contingent des vieux récidivistes ayant été liquidé au cours des trois premières années, cette diminution a donc pour cause principale la résistance des tribunaux à appliquer la loi (V. les deux rapp. précités). Le projet de rév. du C. pén. enlève, dans certains cas, à la relégation, son caractère obligatoire (art. 63).

3. Sur ce nombre, 4694 seulement ont été dirigés sur les lieux de relégation.

la loi du 14 août 1885, en instituant la *libération conditionnelle*, et en favorisant le *patronage* et la *réhabilitation*.
On peut, à certains égards, considérer cette œuvre législative, due également à l'initiative de M. Bérenger,
comme la préface de la loi du 26 mars 1891. Elle emploie
les mêmes procédés : intéresser le condamné à son propre
amendement, récompenser l'amendement obtenu, favoriser le reclassement dans la société du coupable repentant.

Le principe de la libération conditionnelle, inscrit dans
la plupart des législations contemporaines, est aujour-
d'hui hors de discussion. Tout le monde s'accorde à
considérer cette mesure comme la plus propre à influer
sérieusement sur la récidive. — On reconnaît aussi
que le succès, dans la lutte contre ce fléau, est lié au
développement du *patronage*, auxiliaire indispensable de
toute réforme pénitentiaire, et complément de la libération conditionnelle. Le législateur de 1885 l'a compris,
en donnant à cette institution une consécration officielle,
et en inscrivant dans la loi, le principe de subventions à
fournir aux sociétés de patronage agréées par l'administration (1). — Enfin, *la réhabilitation*, rendue plus abor-
dable, constitue aussi un puissant moyen de prévenir
les rechutes (2).

---

1. Art. 7 et 8. Le chiffre de ces subventions a atteint 120.000 fr.
dans les derniers budgets (André, p. 80). V. sur la question du
patronage, les résolutions du Congrès d'Anvers en 1890 et du premier congrès national de patronage des libérés tenu à Paris en
mai 1893, Bull. soc. pris. 1893). Cf. en outre l'intéressante étude
de M. Fuchs sur *l'Histoire et le développement du patronage
pendant ces cent dernières années*, Bull. soc. pris., 1889, p, 687.
2. Le nombre des demandes en réhabilitation a considérable-

7. — La loi, excellente à tous les points de vue, dont je viens de résumer l'inspiration, n'a cependant pas plus que les précédentes remédié à une situation de jour en jour plus inquiétante. Au fond, il n'y a rien là qui doive surprendre ni décourager : il serait chimérique d'attendre un prompt succès de mesures préventives dont l'effet est naturellement assez lent. La libération conditionnelle d'ailleurs ne saurait produire les résultats attendus, tant que la réforme des prisons ne sera pas accomplie : elle ne peut être que le couronnement de l'œuvre commencée par le régime pénitentiaire.

§ 2. — Délinquants d'habitude et délinquants primaires.

8. — En présence d'une progression ininterrompue de la récidive, coïncidant avec les mesures destinées à l'arrê·ter, on a pensé qu'un tel état de chose accusait non-seulement le mode d'exécution des peines, mais aussi les institutions pénales. Ne fallait-il pas dès lors, au lieu de chercher à modifier plus ou moins la peine ou son mode d'exécution, étendre la réforme jusqu'aux institutions ? Ne convenait-il pas de fournir au juge le moyen de distribuer la pénalité d'une manière moins impersonnelle,

---

ment augmenté depuis la loi de 1885 : pendant la période *1881-1885*, il était en moyenne de 735 par an : il s'est élevé en *1886*, à 1813, et successivement à 1888, 2464, 2589, 2848, soit en moyenne 2320 par an. La réhabilitation ne saurait être trop favorisée : comme le dit M. Lacointa, la loi qui la régit devrait être affichée dans les préaux, cellules et parloirs de prison (Intr. au C. pén. d'Italie).

et de lui permettre d'envisager le coupable lui-même plus que le délit?

9. — C'est ce point de vue qui distingue nettement la méthode de la loi de 1891 de celles suivies jusque-là.

Les deux idées fondamentales qui l'inspirent sont les suivantes : 1° il y a entre *les délinquants d'habitude* et les *délinquants primaires* une différence essentielle qui doit se traduire dans la loi, par des mesures spéciales à chacune de ces deux catégories ; 2° à l'égard des délinquants primaires, le Code pénal abuse de la prison qui est, dans bien des cas, la cause même de la récidive.

I. — La distinction entre les délinquants d'habitude et les délinquants primaires, a été mise en lumière par la science contemporaine. Le code pénal n'avait pas attaché au fait répété de la récidive l'importance capitale que l'expérience nous contraint de lui reconnaître : il ne tient pas compte suffisamment de la différence profonde qui existe entre l'individu comparaissant pour la première fois devant la justice et celui qui a été plusieurs fois frappé par elle. Bien que rendu plus flexible par l'extension successive des circonstances atténuantes, il peche néanmoins par excès d'indulgence à l'égard des incorrigibles, par excès de sévérité à l'égard des débutants, car au fond, dans les limites du minimum ou maximum, c'est toujours la même peine qu'il réserve à tous. Il ne voit que le délit et ne se préoccupe pas assez de la personne même du délinquant.

10. — Aujourd'hui (1) on est unanime à reconnaître

---

1. M. B. de Marsangy, avait, l'un des premiers, signalé ce défaut de logique dans la loi qui, permettant au juge d'élever la peine

que la distinction entre la criminalité permanente et la criminalité accidentelle, entre les délinquants professionnels ou d'habitude, et les délinquants primaires ou d'occasion, est essentielle en théorie et en pratique. On la considère comme l'âme des lois pénales de l'avenir. Il faut qu'elle soit la base de leurs dispositions (1).

11. — II. — Vis-à-vis des *délinquants d'habitude*, la peine doit viser beaucoup moins à l'amendement d'un coupable présumé incorrigible qu'à le mettre autant que possible hors d'état de nuire (2). Il serait dérisoire et chimérique de tenter sérieusement l'amélioration morale d'individus définitivement tarés, démontrant par la persistance obstinée de leurs rechutes qu'ils sont réfractaires à toute correction. A leur regard, la répression pour la répression s'impose. C'est le droit de légitime défense : le devoir de régénération n'apparaît plus qu'au dernier plan. La loi sur la relégation s'est placée à ce point de

---

au-dessus du maximum vis-à-vis des récidivistes, ne l'autorisait pas à descendre au-dessous pour les « *premiers pris,* » les délinquants primaires. (Am. de la loi Crim. 2° p. p. 212 et s.).

1. Cette distinction, a-t-on dit, devrait être *un signet séparant deux parties du Code. (Bull. soc. priv.* 1889, p. 820). M. Leveillé y a beaucoup insisté (V. Journal le *Temps*, mars, avril et juin 1886). V. Garraud, II, p. 308, et I, p. 12. Prins, *l. c.* et *passim. Bull. soc. pris.* particulièrement 1884, p. 690, 1885, p. 707, 1886, p. 959. L'Union intern. de droit pénal l'a adoptée comme l'une des règles fondamentales de ses Statuts (V. Bull. de l'*Union*).

2. Parmi les délinquants d'habitude, il serait juste toutefois de distinguer les malfaiteurs vraiment redoutables, de ceux qui retombent par faiblesse ou indolence, plutôt que par une vraie perversité, tels que les mendiants et vagabonds. L'un des vices de la loi sur la relégation est précisément d'avoir confondu ces derniers avec les criminels de profession.

vue. Lorsque le crime et le délit sont devenus un véritable métier, lorsque la prison n'est plus considérée par le malfaiteur endurci que « *comme le risque inhérent à l'entreprise* », il ne suffit plus d'aggraver la peine, il faut au besoin la transformer.

Mais, — on ne saurait trop insister sur ce point, — si la justice peut s'accommoder d'une rigueur impitoyable contre les irréductibles, c'est à condition que la loi aura organisé un système préventif, et épuisé l'indulgence lors d'une première faute. Les deux idées se tiennent.

12. — III. — Lorsqu'il s'agit d'un *délinquant primaire*, on doit viser avant tout à le préserver d'une rechute. Le problème consiste à l'empêcher de passer d'une catégorie de délinquants dans l'autre. C'est donc aux mesures préventives qu'il faut recourir : le but de la peine, dans ce cas, c'est avant tout d'amender le coupable. Peut-être a-t-il cédé à un entraînement passager; peut-être sa faute révèle-t-elle plus de faiblesse que de corruption. Le juge doit donc, au lieu d'envisager seulement le délit, considérer l'homme, sonder ses dispositions morales, évaluer les chances de relèvement ; la répression doit être en rapport avec l'état moral du sujet qu'elle atteint (1). De là, la nécessité de laisser au juge un pouvoir d'appréciation extrêmement étendu.

§ 3. — De la prison. — Abus des courtes peines.

13. — Le système de répression du Code pénal repose

---

1. V. Sur ce point le disc. de M. Bérenger au Sénat, séance du 23 mai.

sur une base à peu près unique, la peine corporelle, la *prison*.

L'emprisonnement, sous ses formes diverses, constitue la pénalité normale de tous les délits de quelque gravité.

Il y a là un abus qui a donné lieu à bien des critiques. La prison, — en supposant même un régime pénitentiaire aussi parfait que possible, — apparaît à de bons esprits, comme une solution très imparfaite du problème pénal (1) ; et cette opinion, en présence de l'impuissance reconnue du système pénitentiaire et des tristes constatations que fournit à cet égard la statistique, gagne de jour en jour du terrain.

Cet abus en entraine un autre : l'emploi trop fréquent des peines de courte durée vis-à-vis des délinquants primaires.

14. — Il est évident, en effet, que le tribunal appelé à juger un délinquant de cette catégorie sera disposé, en général, à user envers lui d'une grande indulgence, en raison même de ses bons antécédents, — toutes les fois bien entendu, que l'infraction n'aura pas une gravité exceptionnelle. Comment manifester cette indulgence? En prononçant une amende? mais l'amende est peu

---

1. M. Léveillé résume ces critiques sous la forme piquante qu'il sait donner à ses idées : « La prison telle que nous l'a faite une sensiblerie maladive, maladroite et prodigue des deniers publics, n'intimide plus, ne moralise pas, et coûte cher au budget. A mon sens, la prison que certains présentent comme une panacée, ne répond pas mieux, si elle reste seule, aux besoins modernes de la défense sociale que l'antique pierre à fusil ne répondrait aujourd'hui aux exigences récentes de nos guerres foudroyantes. » (*Bull. soc. pris.*, 1889, p. 920). Et il conclut qu'il faut instituer le *prologue de la prison.*

répressive ; elle est inefficace à l'égard d'un grand nombre ; en pratique, elle est peu appliquée quand il s'agit d'un délit commun quelque peu important (1). Reste donc la prison : le juge dans la plupart des cas, témoignera donc sa bienveillance envers le délinquant primaire, coupable d'un délit commun, en ne lui infligeant qu'une courte peine de prison.

C'est là, — il est difficile d'en douter, — l'une des causes les plus palpables de la récidive. Tout le monde est d'accord sur ce point. Depuis plusieurs années, les corps judiciaires, les congrès, les criminalistes, les sociétés savantes, les statistiques, sont unanimes à déplorer l'emploi abusif des courtes peines (2).

15. — Cette question si débattue doit d'ailleurs être envisagée à deux points de vue, et nous retrouvons ici la distinction entre délinquants d'habitude et primaires.

A l'égard des premiers, la courte peine est un véritable non-sens. Je n'ai pas à insister sur ce point, et je me borne à constater que la faiblesse de plus en plus marquée dans la répression est une déplorable pratique,

---

1. Ainsi, sur 35.935 individus condamnés pour vol, avec circ. att., 4114 seulement (ou 11 0/0)) ont été condamnés à l'amende (chiffres cités par M. Bérenger, rapp. p. 5).

2. C'est à l'occasion des courtes peines que la Société des Prisons s'est occupée des condamnations conditionnelles (V. notamment, le rapp. de M. Boullaire, *Bull.* 1803, p. 706). Dès 1872, les Cours d'appel constataient le fâcheux effet des courtes peines. Tous les congrès internationaux ont agité la question. Les dernières statistiques n'hésitent pas à attribuer à l'abus des courtes peines la progression de la récidive (V. notamment les statistiques de 1889 et 1890).

contre laquelle on ne saurait trop réagir (1). On voit des délinquants condamnés non-seulement trois ou quatre fois dans la même année, — ceci est courant, — mais jusqu'à *vingt fois* et plus (2). De semblables faits se passent de commentaires : on constate à la fois l'insignifiance de la peine, et sa complète inefficacité. Le spectacle de ces malfaiteurs incorrigibles, traités par les tribunaux avec une faveur toujours nouvelle, aurait quelque chose de dérisoire, s'il n'était si inquiétant. C'est ce regrettable abus d'indulgence que la deuxième partie de la loi Bérenger a voulu combattre.

16. — Mais à l'égard des délinquants primaires, les courtes peines ne se justifient guère mieux. On a pu dire avec raison *qu'elles ne corrigent ni n'intimident, mais pervertissent seulement* (3).

Elles manquent, en effet, d'un élément essentiel du succès : *la durée*. Au point de vue, tout d'abord, de l'amendement, il serait chimérique d'en espérer aucun résultat : si tant est que la discipline pénitentiaire puisse corriger de mauvais instincts, ce n'est pas en quelques jours, en quelques semaines, qu'on obtiendra une réforme sérieuse. Au point de vue de l'exemple, leur effet est à peu près nul. Au point de vue du travail, elles

---

1. En 1889, sur 80534 condamnations correctionnelles contre des *récidivistes* la peine n'a excédé un an que dans 2928 cas (moins de 4 fois sur 100). Le nombre des individus condamnés *plusieurs fois* dans la *même année* et par le *même tribunal* a suivi, depuis 1886, la progression suivante : 8203, 8292, 8358, 8939, 9405.

2. La statistique de 1890 cite le cas d'un individu condamné *vingt-trois fois* dans la même année.

3. M. Rivière, à la Société gén. des Prisons.

ne sont pas moins inutiles : il est, en pratique, très difficile de faire travailler les condamnés de courtes peines ;
en tout cas, il faut du temps pour leur permettre de contracter l'habitude d'une vie laborieuse, tout en se procu-
rant quelque ressource pour le moment de leur libération. La prison sera donc ainsi un encouragement à la
paresse.

17. — La courte peine n'est pas seulement inutile :
elle est nuisible. Si elle ne suffit pas à moraliser le coupable, elle suffit à le déclasser, et dans bien des cas, à
le perdre sans retour.

La prison, en effet, — même cellulaire, — lorsqu'elle
frappe un individu chez lequel tout sentiment d'honneur
n'est pas éteint, aura trop souvent pour résultat de le
décourager, de briser en lui le ressort moral, de l'avilir
à ses propres yeux, et surtout de le disqualifier à ceux
du public. Le libéré est suspect. Un court passage en
prison suffit pour priver un homme de son travail et le
signaler à la méfiance de tous. Sans doute, il faut craindre de tomber ici dans un excès de sentimentalité : on
ne saurait contester toutefois que l'individu, après avoir
traversé la prison, n'ait perdu une partie de sa valeur
morale, et ne coure grand risque d'aller grossir le nombre des déclassés.

18. — Mais si tels sont trop souvent les effets de l'emprisonnement adapté à toutes les règles d'une bonne
répression, que dire de la prison en commun, ce novi-
ciat de la récidive? « *On parle quelquefois*, dit Henry
Joly, *de ces hôpitaux de l'ancien régime où il arrivait de
trouver un mort entre deux malades, dans le même lit. Ce*

*que nous faisons dans nos prisons est destiné, je l'espère,
à provoquer plus tard un étonnement tout aussi vif* (1) ».
Quoiqu'on ait pu écrire, à ce sujet, il est difficile de rien
exagérer. L'expérience des hommes les plus compétents
l'atteste : il est presque impossible en semblable milieu,
— on l'a appelé le *bouillon de culture de la criminalité* — (2), de se soustraire à la contagion du vice et à la
tyrannie du mal. Un inspecteur général des prisons (3) a
pu dire : « *Avec votre système pénitentiaire, vingt-quatre
heures de prison suffisent dans certaines circonstances
pour perdre une existence.* » Comment pourrait-il en être
autrement, avec cette désastreuse promiscuité de l'homme
condamné pour la première fois avec les pires récidivistes,
qui sont empressés à se constituer les professeurs des
nouvelles recrues, à étouffer chez eux les bons instincts, à
railler leur repentir, à se faire de leur propre dépravation
un mérite et un titre de gloire (4)? Le simple bon sens
suffit à démontrer que dans un pareil monde l'influence
s'exerce de bas en haut, les plus corrompus doivent
logiquement donner le ton et dominer les autres. Aussi
plus d'un est entré en prison, plein du remords de sa

---

1. *Le Combat contre le crime.* V. aussi, A. Guillot, les *Prisons
de Paris et les prisonniers*, et André, *l. c.*, p. 14 et s.

2. Lacassagne.

3. M. de Laloue, entendu dans l'enquête de 1873. M. Shumacker,
Directeur de la maison d'arrêt de Dijon, écrivait en 1885 : « Il est
malheureusement démontré qu'un homme qui a franchi le seuil
d'une prison commune et y a fait un séjour de quelques semaines,
est d'ordinaire un homme perdu ». (André, p. 18).

4. « Je demandais à un condamné qui avait commis des actions
abominables avec une adresse et une énergie surprenante : « Où
as-tu si bien appris ton métier ? » Il me répondit : « En *Centrale,
au pays boisé.* » Le *pays boisé*, c'est la maison de réclusion de

faute et de la honte de sa condamnation, qui en est sorti perverti par les exemples et les enseignements de chaque jour, mûr pour la récidive. Si l'on ajoute que l'emprisonnement collectif favorise les ententes et les projets criminels, qu'il expose le libéré à la honte d'être rencontré plus tard par ses anciens co-détenus et par là à tous les chantages, qu'il apporte ainsi une difficulté de plus au reclassement, on comprendra qu'on ait cherché à préserver d'une peine aussi directement contraire à son but certaines catégories de délinquants.

19. — Cette méfiance trop justifiée de la prison a inspiré le système que nous allons étudier. J'ajouterai dès à présent que tout système quelconque, tendant à diminuer le rôle de l'emprisonnement, ne saurait être qu'un demi-remède : quoiqu'on fasse, la prison demeurera la peine réservée au plus grand nombre des délinquants de droit commun. S'il est permis de désirer plus de discrétion dans son emploi, il faut bien prendre garde aussi de se laisser entraîner, par réaction contre l'emprisonnement, dans une sentimentalité qui serait un autre danger. Aussi, malgré la loi Bérenger, la réforme des prisons continue-t-elle à s'imposer ; et elle doit rester la première préoccupation de tous ceux qui ont à cœur, non de supprimer les récidives, on ne saurait se bercer d'une telle illusion, mais du moins d'en diminuer le nombre.

Clairvaux » (M. du Camp, *Paris bienfaisant*, p. 97). Le danger de la propagande faite en prison par les pires scélérats a été de nouveau mis en lumière dans la discussion de la loi du 28 juillet 1894 *sur la répression des menées anarchistes*. Aussi décide-t-elle que les condamnés de cette catégorie seront toujours soumis à l'emprisonnement individuel.

CHAPITRE II

20. — Augmenter le pouvoir des juges pour leur permettre de tenir compte de la situation spéciale des délinquants primaires ; — épargner à ceux-ci, toutes les fois
que cela sera possible, le séjour de la prison, et le déclassement qui en est la conséquence ordinaire ; — suppléer
aux inconvénients des courtes peines, par une pénalité
nouvelle : telles sont, en résumé, les principales réformes
que réclamait la science moderne pour compléter l'ensemble des mesures dirigées contre la récidive.

Le système des condamnations conditionnelles a pour
but de les réaliser.

Je vais exposer son mécanisme dans les grandes lignes.
Après un rapide aperçu sur les législations étrangères,
j'aborderai l'étude critique du principe ; je comparerai
enfin l'institution aux principales mesures proposées
dans le même sens.

§ 1. — Exposé du système.

I. — Bases du nouveau système

24. — A. — L'idée d'encourager le condamné à se réformer lui-même par l'appât d'une récompense nous est apparue dans le système de *la libération conditionnelle* (1). Faire cesser sous condition, l'exécution d'une peine, lorsque le condamné a donné des preuves suffisantes de sa réforme ; — ne pas infliger la peine, sous condition aussi, lorsque, par sa conduite antérieure, le condamné laisse espérer qu'elle n'est pas indispensable et que la menace suffira, les deux idées sont sœurs. — A ce point de vue, la condamnation conditionnelle n'est qu'une application nouvelle de la théorie des *primes à l'amendement*. Elle se fonde d'ailleurs sur une notion juste des

---

1. Cette idée de subordonner une faveur légale à une condition, fait son chemin. Je la retrouve dans deux théories qu'il est intéressant de rapprocher de notre sujet. L'une a pour auteur M. Léveillé, qui a proposé en faveur des délinquants primaires un système d'*exonération conditionnelle* des mentions au casier judiciaire (ou plutôt au nouveau bulletin nᵒ 3). La suspension des inscriptions, conditionnelle d'abord, puis définitive au bout d'un certain temps, constituerait un stimulant pour le condamné et une récompense pour sa bonne conduite (V. J. Appleton, *La Réforme du Casier Judiciaire*, p. 96). L'autre a pour auteur M. Tarde, qui, s'occupant de l'indétermination de la peine, propose une *détermination conditionnelle*, ayant pour but d'encourager le condamné à réparer le préjudice causé par le délit, et, par là, de le régénérer par le travail et par la persistance d'un effort intéressé (V. *Considérations sur l'indétermination des peines*, par G. Tarde, *Bull. soc. pris.*, 1893, p. 750).

mobiles qui déterminent le plus souvent les actions humaines : l'intérêt et la crainte (1).

22. — B. — Il est une autre idée également rationnelle, c'est qu'il est utile, dans bien des cas, avant de frapper un coupable tombé dans une première faute qu'on peut supposer accidentelle, de l'*avertir*. L'avertissement prévient la rechute en rendant le coupable plus vigilant, plus attentif, par crainte du châtiment entrevu, qui deviendrait inévitable, une seconde fois. Pourquoi la société n'userait-elle pas, pour sa défense, de ce puissant moyen préventif, qu'emploient avec succès le père dans la famille, le maître dans l'école, le patron dans l'atelier (2) ?

Sous ce rapport, le système nouveau s'est inspiré d'une ancienne pénalité, conservée ou introduite dans plusieurs codes modernes, l'*admonition*.

Ces deux idées combinées ont donné naissance à la théorie dont voici les grandes lignes.

II. — Mécanisme de la condamnation conditionnelle.

23. — 1° Les juges devant lesquels seront traduits certains délinquants, après avoir reconnu la culpabilité et prononcé la peine comme si elle devait être immédiatement subie, auront la faculté de déclarer que l'exécution en sera suspendue pendant une certaine période.

C'est là l'*avertissement*.

---

1. Il y a quelque puérilité à remarquer, comme on l'a fait, que ce système a le tort de faire appel à des sentiments peu généreux. Il faut bien prendre les hommes, les condamnés, par ce qui les touche le plus.

2. Rapp. Bérenger.

2° Si, au terme de cette période, le condamné a rempli une certaine condition de bonne conduite, il sera définitivement dispensé de l'exécution de la peine. La condamnation elle-même se trouvera effacée.

C'est la prime à l'amendement.

3° Si, au contraire, pendant cette même période, le délinquant ne satisfait pas à la condition prévue, la suspension cessera : la peine deviendra immédiatement exécutoire et sera subie cumulativement avec celle encourue pour la seconde faute.

C'est la menace, et la sanction de l'avertissement méconnu.

24. — Ainsi, un *avertissement*, une *période d'épreuve,* et au bout une *récompense* ou un *châtiment*, suivant que le condamné se conduira bien ou mal, tels sont les trois termes de la condamnation conditionnelle.

Voilà le principe. A côté, interviennent de nombreuses dispositions secondaires.

25. — 1° Le bénéfice d'une telle condamnation ne pourra être accordé qu'à certains délinquants, les délinquants primaires ou assimilés, condamnés à l'emprisonnement ou à l'amende.

2° La suspension n'affecte que la peine principale et ne s'étend pas aux autres conséquences de la condamnation (peines accessoires, frais et dommages-intérêts, casier judiciaire).

3° La période de suspension est de cinq années.

4° La condition à laquelle demeure subordonnée la suspension consiste à ne pas encourir une seconde condamnation à l'emprisonnement ou à des peines plus graves, pour crime ou délit de droit commun.

Toutes ces dispositions soulèvent, au point de vue législatif, d'intéressantes controverses. Je les examinerai assez longuement (1); bien que secondaires, elles ont une grande importance dans le système de la condamnation conditionnelle, dont l'efficacité est en partie liée à la solution qui leur est donnée en législation.

III. — Sous quel rapport la condamnation est conditionnelle.

26. — Il faut s'entendre sur le sens qu'on attache aux termes de *condamnation conditionnelle*.

De l'exposé qui précède, il résulte que la condamnation est prononcée comme si elle devait produire des effets immédiats, tandis que son exécution est subordonnée à un évènement futur et incertain. La condition affecte donc, non pas la condamnation, qui est pure et simple, mais bien l'exécution, et c'est à celle-ci que la qualification de *conditionnelle* semble seule convenir.

Cela est vrai. Cependant, en allant au fond des choses, on arrive, sinon à justifier très rigoureusement l'expression reçue, du moins à l'expliquer. La condamnation est *comme non avenue* si le délinquant satisfait aux exigences de la loi. On peut donc considérer qu'elle est soumise à une *condition résolutoire* qui en opère la révocation, en même temps que l'exécution est affectée d'une *condition suspensive*.

---

1. *Infra*, chap. III de cette première partie.

On peut discuter ce point de vue (1), mais il me paraît sans intérêt d'insister sur une controverse de cette nature.

27. — *Nature du sursis*. — Je passerai rapidement sur une autre question d'un caractère tout aussi peu pratique.

Il s'agit de caractériser la nature vraie de l'institution. Les uns voient dans le sursis une *peine morale* substituée à la peine matérielle ; d'autres, une *grâce conditionnelle* octroyée par le juge, ou une *prescription* soumise à des règles particulières. Ces différents points de vue peuvent être exacts en partie; aucun ne l'est tout à fait. On comprend qu'il est fort difficile, avec le caractère complexe de la condamnation conditionnelle, de lui trouver une analogie parfaite et de la classer parmi les institutions existantes. Si la condamnation est résolue, il y aura bien eu une sorte de *prescription* ou de *grâce;* mais si, au contraire, elle devient exécutoire, il y aura eu simplement sursis. Quant à l'idée de *peine morale,* mise en avant dans la discussion de la loi de 1891, on l'a vivement combattue. Il est impossible, dit-on, de voir une *peine* dans la simple défense de récidiver ; et puis, il y

---

1. V. sur ce point Gautier, p. 3. Cet auteur qui critique l'expression de condamnation conditionnelle, reconnaît cependant qu'elle a sa raison d'être dans la loi belge et par conséquent, dans la loi française. Il estime qu'au fond ce titre pourrait bien n'avoir été introduit dans la législation belge que pour faire symétrie avec celui de libération conditionnelle. — Notons, que dans la discussion de notre loi, M. Humbert a défini la nouvelle institution « *le droit de soumettre la condamnation à une condition résolutoire.* »

aurait donc deux peines, celle que le juge prononce et qui sera peut-être exécutée, et l'autre, innommée et impalpable, qui produit des effets immédiats? Ce dédoublement de la répression, contraire à la règle *non bis in idem*, est inadmissible. C'est là une augumentation un peu subtile. En fait, s'il n'y a pas *peine morale* dans le sens juridique du mot, il est incontestable que la menace, et aussi l'humiliation, produiront, sinon sur tous les coupables, du moins sur un grand nombre (la faveur ne s'explique qu'à cette condition) (1), un véritable mal moral, destiné à produire l'amendement, comme pourrait le faire la peine effective.

I V. — Coup d'œil général sur les réformes opérées par la nouvelle institution.

28. — Nous pouvons, dès à présent, apercevoir comment la condamnation conditionnelle réalise les principales réformes que j'ai indiquées en tête de ce chapitre.

a). — Le pouvoir du juge est augmenté en ce sens que celui-ci a désormais à sa disposition le moyen d'individualiser davantage la peine, et de tenir compte, quand il statue à l'égard des délinquants primaires, de leur état moral et des chances de relèvement qu'ils présentent. Les délinquants d'occasion sont donc l'objet d'un traitement tout spécial, comme le sont en sens inverse les délinquants d'habitude.

---

1. Je signale à titre dé simple rapprochement, qu'on a essayé de justifier la prescription pénale par cette idée que le coupable expiait sa faute par la crainte du châtiment et par le remords (Dalloz, Rep. V°. *Prescription*, n°. 2. Garraud II, p. 86, à la note).

b). — La peine infamante de l'emprisonnement ne vient plus atteindre nécessairement celui qui débute dans la mauvaise voie. On hésite à lui ouvrir les portes de la prison ; on se contente de la lui montrer de loin ; et s'il faut l'y conduire un jour, c'est qu'il aura rendu l'expiation nécessaire. Par là, se trouveront évités ces déclassements et ces déchéances qui transforment en un danger social l'individu coupable d'une unique faiblesse.

c). — Enfin, le jeu même de l'institution supprime les courtes peines. De deux choses l'une, en effet : ou bien le condamné conditionnel obtiendra l'effacement de la condamnation, et alors la courte peine qui l'aurait peut-être dévoyé, se trouvera avantageusement remplacée par la peine comminatoire dont cinq ans de bonne conduite, gage d'un amendement durable, démontrent la valeur réformatrice ; ou bien il perdra le bénéfice du sursis, et alors il subira deux peines qui, en s'additionnant, donneront au point de vue pénitentiaire de meilleurs résultats. Les juges d'ailleurs devront se montrer plus fermes, puisqu'il dépend du coupable d'éviter la peine : quelle raison désormais de ne pas proportionner la répression au délit ?

§ 2. — **Historique et législation comparée.**

I. — **Historique.**

29. — A. — *La condamnation conditionnelle au Moyen-âge.* — On s'est efforcé de donner à une institution si moderne en apparence une antique origine. Divers pas-

sag.s de Barthole (1) ont été cités, desquels il semble résulter que la condamnation conditionnelle aurait été connue des juristes du moyen-âge. Les juridictions ecclésiastiques paraissent l'avoir seules appliquées.

30. — B. — *Congrès internationaux.* — C'est à Rome en 1885, que la question a été envisagée pour la première fois par les criminalistes réunis en Congrès international. Elle fut seulement indiquée et non discutée. Au congrès de Saint-Pétersbourg, en 1890, elle a été, au contraire, longuement examinée et comparée à d'autres systèmes proposés dans le même but. La discussion fut d'ailleurs assez confuse, et en présence des divergences qui se manifestèrent dans l'opinion des divers rapporteurs et dans les commissions, l'Assemblée générale n'a pas émis de vote définitif, et a renvoyé la question aux délibérations d'un autre congrès (2).

31. — C. — *Historique en France.* — a). — M. le séna-

---

1. V. *La condamnation conditionnelle au moyen-âge,* dans *Bull. un. intern. de Droit pénal* (février 1893, p. 66). Voici l'un des passages cités : « *Isti officiales ecclesiæ consuerunt facere facta et conventiones cum rebellibus redeuntibus ad obedientiam, hoc modo : liberamus et remittimus vobis omnia delicta, et omnes sententias, omnes pœnas spirituales et temporales quas incurristis usque ad præsentem diem, hoc pacto, quod si de cætero similia attentabilis, reinciditis in omnes istas sententias...* » Le même Bulletin (juillet 1891) reproduit d'après une revue spéciale divers jugements de 1712 et 1713 desquels on pourrait conclure que la vieille pratique hongroise connaissait le système de la remise conditionnelle des peines.

2. *Bull. soc. pris.,* 1891, p. 2 et s. L'Union internationale de Droit pénal, dans sa réunion de Bruxelles en août 1889, a adopté par acclamation un vœu favorable à la condamnation conditionnelle (Gautier, p. 9).

teur Bérenger déposait le 26 mai 1884 (1) une proposition, qui après avoir subi pendant sept ans les lenteurs de la procédure parlementaire, est devenue la loi du 26 mars 1891. Le système de la suspension de la peine était présenté sous forme d'addition à l'article 463 du Code pénal (2). Des modifications importantes ont été opérées dans le texte primitif au cours des travaux de la commission, et lors de la discussion aux Chambres (3).

b). — Entre temps, deux autres propositions analogues se produisirent. L'une (4) qui avait pour auteurs MM. *Michaux, Schœlcher, Béral, Mazeau, Naquet et Tolain,* sénateurs, institue la condamnation conditionnelle dans des conditions analogues. En outre, elle adopte concurremment le *pardon* et la *conversion* des peines d'emprisonnement inférieures à deux mois en journées de travail, ou de celles-ci en amende ; cette dernière peine est également réglementée.

L'autre (5), due à l'initiative de MM. *Reybert, Gagneux, Bourgeois* et autres, députés, permet aux juges de déci-

---

1. Doc. parl. Sénat, 1884, n. 159. M. Bérenger fut rapporteur devant le Sénat, M. Barthou devant la Chambre. Le rapport de M. Bérenger que je citerai souvent (Doc. Parl. Sénat, 1890, n. 27), contient le résumé très clair de la question. Il faut lire aussi, sur le principe du sursis, le discours du même à la séance du Sénat du 23 mai 1890 (*J. Off.* du 24 mai).

2. C'est ce qui explique l'intitulé de la loi : de l'*atténuation des peines,* le nouveau système se trouvant en quelque sorte lié aux circonstances atténuantes.

3. V. pour le détail des trav. parlement. la note sous le texte de la loi *infra.*

4. Déposée en 1885. Doc. parlemen. Sénat, 1890, p. 78. V. sur cette proposition, *Bull. soc. pris.* 1886, p. 255.

5. Déposée en 1886.

der « *que la peine encourue ne sera pas appliquée* » et
« *d'ordonner la mise en liberté suspensive des condamnés.* »
Ce système, assez mal défini, était d'une ampleur excessive : tous les délinquants, sans privilège pour les condamnés primaires, pouvaient bénéficier de cette faveur.

c). — Enfin, le *Projet de révision du Code pénal* (art.
67-68-69) consacre le principe de la condamnation conditionnelle, mais d'une manière plus timide que la loi
Bérenger. Ainsi, le sursis n'est possible qu'à l'égard des
peines inférieures ou égales à trois mois de prison ou de
détention, et lorsque l'inculpé n'a subi antérieurement
aucune condamnation quelconque pour crime ou
délit (1).

II. — Législations étrangères.

32. — Les législations qui ont admis la condamnation
conditionnelle sont encore peu nombreuses. On peut les
diviser en deux groupes, suivant la manière dont elles
ont compris le principe de la suspension. Tandis, en effet,
que les unes, — la loi belge et la loi française — n'admettent la suspension que pour l'exécution de la peine,
la condamnation étant prononcée ; les autres, qui peuvent s'appuyer sur une plus longue expérience, suspen-
dent la condamnation elle-même. C'est le système qu'on
peut appeler *anglo-américain*, du nom des pays où il a pris
naissance.

---

1. J'aurai à comparer à diverses reprises ce projet aux dispositions de la loi Bérenger à laquelle il me paraît, dans son ensemble,
très inférieur.

33. — *1° Système anglo-américain.*

L'institution de la condamnation conditionnelle fonctionne depuis plusieurs années déjà dans l'Etat de Massachussets, dans certaines colonies anglaises, et en
Angleterre, sous la forme d'une *mise à l'épreuve*, sans
condamnation. Le délinquant jugé digne de cette faveur,
est renvoyé indemne, sous la menace d'une condamnation à intervenir, s'il ne remplit pas les conditions de
bonne conduite exigées. La condition qui affecte la condamnation est donc non pas *résolutoire*, mais *suspensive*,
et il est exact de dire que la qualification de *condamnation conditionnelle* se justifie mieux dans cette hypothèse
que dans celle de la loi française.

34. — *a*). — *Massachussets* (1). — C'est l'Etat de Massachussets qui, le premier, a inauguré ce système, en
1870, à l'égard seulement des jeunes prévenus. Appliqué
d'abord dans la ville de Boston, il le fut plus tard dans
l'Etat entier et étendu à tous les délinquants sans exception (1878).

Le législateur n'a donc pas eu pour but de créer un
privilège spécial aux délinquants primaires, et, à ce premier point de vue, il y a une différence essentielle entre
ce système et celui de la loi française.

Pour assurer l'efficacité du renvoi sans condamnation,
la loi de Massachussets place le délinquant admis à ce
bénéfice, sous la surveillance d'un fonctionnaire, désigné
à cette fin (2), le « *probation officer* », qui a une double

---

1. V. *Annuaire de Législ. étr.*, 1879, p. 690. Worms, p. 22.
Gautier, p. 4.

2. V. *Ann. Légis. étr.*, 1892, p. 943, loi du 28 mai 1891, créant un

mission. D'abord, il doit examiner le cas des individus accusés ou convaincus de crimes et délits, et recommander aux Cours de placer à l'épreuve (*on probation*) ceux d'entre eux qu'il jugera pouvoir se réformer sans subir de peine. Puis, il est chargé de visiter les délinquants ainsi soumis à l'épreuve, de les encourager, de les assister, afin d'empêcher de nouveaux délits de leur part. Avec l'approbátion du chef de police, auquel il adresse un rapport au moins chaque trimestre, il peut arrêter, sans nouveau mandat, ceux qui donnent des sujets de plainte, et les amener devant la Cour, qui statuera. Il y a là une assez curieuse combinaison de patronage officiel et de surveillance de haute police, de nature à corroborer singulièrement l'effet de la condamnation conditionnelle.

Les résultats obtenus, sont, paraît-il, très satisfaisants (1).

35. — b. — *Colonies anglaises.* — L'exemple de l'Etat de Massachussets fut suivi, en 1886, par la *Nouvelle-Zélande* (2), et par le *Queensland* (3) (act du 6 octobre 1886). Ce dernier *act* semble se rapprocher plutôt de la

---

officier enquêteur près de chaque tribunal municipal. Cette loi, apporte certaines modifications de détail à la législation antérieure. Elle dispose notamment que l'individu, relâché après examen, devra recevoir de l'officier enquêteur un certificat établissant les conditions de leur libération.

1. V. la statistique dans Worms.

2. Worms.

3. *Bull. soc. pris.*, 1892, p. 176. *Adde*, Worms. L'institution onctionnerait aussi dans la province de *Victoria,* et au *Canada.* Nous n'avons pu nous reporter au texte de ces diverses lois coloniales.

loi française que de la loi américain e. Il ne concerne que les délinquants primaires.

36. — c). — *Angleterre* (act du 8 août 1887 (1), *to permit the conditionnal reléase of first offenders in certain cases*). — Cette loi, due aux efforts persévérants de M. Houard Vincent, consacre la condamnation conditionnelle avec le caractère que lui a attribué avec raison la législation française, d'une mesure de faveur envers certains délinquants primaires. Le législateur indique que le tribunal devra avoir égard pour l'accorder, à la jeunesse du délinquant, au peu de gravité du fait, ou aux circonstances atténuantes qui existent dans la cause. Il exige que le coupable n'ait pas subi antérieurement une condamnation, et que le délit (2) soit passible d'une peine n'excédant pas *deux années* d'emprisonnement. Sous ces restrictions, le tribunal peut, au lieu d'infliger immédiatement la peine, laisser le délinquant en liberté *pour faire l'épreuve de sa bonne conduite* pendant telle période que les juges estimeront convenable. Le paiement total ou partiel des frais peut être mis à la charge du coupable, qui doit en outre souscrire un engagement de se bien conduire, et de comparaître à première réquisition pour être jugé. Si, au cours de cette épreuve, il est démontré à la suite d'une enquête, que le délinquant a manqué à l'une des conditions de son engagement, man-

---

1. *Ann. législ. étr.*, 1887, p. 52. Cf. sur l'application de la loi, *Bull. soc. pris.*, 1892, p. 689.

2. La loi désigne spécialement, on ne sait trop pourquoi, car cette énumération n'est pas limitative, les délits de vol et d'escroquerie.

dat d'arrêt pourra être décerné contre lui, et la juridiction compétente statuera.

37. — Comme la loi amér. caine, la loi anglaise a voulu
conserver une garantie contre le délinquant, et fortifier
l'épreuve par une sorte de surveillance. Mais, au « *probation officer* (1) », elle a préféré la *caution*. Le prévenu
pourra donc, — le tribunal n'est pas tenu de l'exiger, —
être astreint à fournir une caution, domiciliée, s'il ne l'est
lui-même, dans le comité où siège la juridiction saisie,
soit au lieu dans lequel il est appelé à vivre. Cette caution, pécuniairement intéressée à la bonne conduite du
condamné conditionnel, exercera ainsi sur lui une sorte
de patronage.

38. — d). — *Suisse : Canton de Neufchâtel* (2). — (Code
pénal du 29 mai 1891). Le nouveau code pénal du canton
de Neufchâtel, très au courant de la science contemporaine, admet la condamnation conditionnelle (art. 399
et s.) dans la forme anglo-américaine, mais avec de
nombreuses restrictions qui indiquent chez le législateur
une confiance fort limitée dans le succès de l'institution.
Peuvent seuls être admis à ce bénéfice, les délinquants,
non encore condamnés, âgés de moins de 25 ans, qui ont
fait des aveux complets devant le juge d'instruction ou
le tribunal. Il faut encore qu'il s'agisse d'un délit de vol,
d'escroquerie ou d'abus de confiance, non accompagné de

---

1. L'auteur de la loi aurait préféré à la caution la surveillance
d'une autorité désignée par le juge, et qui aurait pu être une institution de patronage (Annuaire, *l. c.*, p. 52).

2. V. sur le Code de Neufchâtel, l'*Étude* de M. Leloir, *Bull. soc.
lég. comp.* 23ᵉ *année*, p. 537 (*août, sept.* 1892).

circonstances aggravantes, et que le préjudice n'excède pas cent francs. Il est difficile de s'expliquer la préférence dont sont l'objet ces trois délits, qui supposent souvent une préméditation particulière.

L'épreuve ne peut excéder trois ans ; et pendant ce temps, le délinquant est placé sous *la même surveillance que les détenus libérés provisoirement*. C'est l'idée du « *probation officer* », mais poussée peut-être un peu loin.

Lorsque le délai est écoulé sans poursuite nouvelle, l'action publique est éteinte. Dans le cas contraire, le tribunal prononce son jugement, différé jusque-là.

39. — Il faut noter une innovation assez curieuse : le délinquant est réputé *en état de récidive*, alors même qu'il a subi victorieusement l'épreuve, *s'il commet dans les dix ans un délit de même nature*. Le législateur neufchâtelois, après avoir limité l'application de la condamnation conditionnelle à des cas tout-à-fait exceptionnels, pousse la prudence jusqu'à ses dernières limites, et prend ainsi des précautions contre les rechutes les plus tardives.

2° *Système de la loi française.*

a). — *Belgique* (Loi du 31 mai 1888 (1), *établissant la*

---

1. *Ann. Légis. étr.*, 1888, p. 598. Voici le texte de l'article 9, souvent cité dans ce travail : « Les cours et tribunaux, en condamnant à une ou plusieurs peines, peuvent, lorsque l'emprisonnement à subir, soit comme peine principale ou subsidiaire, soit par suite du cumul de peines principales et de peines subsidiaires, *ne dépasse pas six mois*, et que le condamné n'a encouru *aucune condamnation* antérieure pour crime ou délit, ordonner par décision motivée qu'il sera sursis à l'exécution du jugement ou de l'arrêt pendant un délai *dont ils fixent la durée*, à compter du jour du jugement ou de l'arrêt, mais qui ne peut excéder cinq années. La condamnation sera considérée comme non avenue, si,

*libération et les condamnations conditionnelles dans le sys-
tème pénal).* — Avec la loi belge, nous revenons au système français. Il est juste, en effet, d'observer que la
Belgique, — et cette origine n'a pas été dissimulée, —
s'est approprié, dans ses grandes lignes, le système de la
loi Bérenger, dont la proposition, nous l'avons vu,
remonte à 1884. Un auteur étranger (1) constate que la
France, après avoir montré le chemin de la réforme, s'est
laissé devancer dans ce domaine comme dans bien d'autres : on doit ajouter qu'il est fort utile, lorsqu'on tente
une innovation aussi considérable, d'en avoir étudié les
résultats pratiques chez un peuple voisin. Ces résultats
ayant été satisfaisants en Belgique, on a pu, dans la discussion de la loi française, s'appuyer sur cette expérience, un peu courte il est vrai, pour répondre à certaines objections (1).

Je n'ai pas à m'expliquer sur le mécanisme de la loi
belge, identique à celui de notre loi de 1891. Les différences de détail seront signalées au cours de cette étude.
Je me borne à constater que le champ d'application de la
condamnation conditionnelle est restreint en Belgique
dans des limites plus étroites qu'en France.

41. — b). — *Suisse : Canton de Genève.* — La loi du
29 octobre 1892, sur la *peine conditionnelle,* imite de
très près les lois française et belge. Je signalerai seule-

---

pendant ce délai, le condamné n'encourt *pas de condamnation
nouvelle pour crime ou délit.* Dans le cas contraire, les peines
pour lesquelles le sursis a été accordé, et celles qui font l'objet de
la nouvelle condamnation, seront cumulées. »

1. Gautier.

2..V. *à l'appendice,*les résultats fournis par la statistique belge.

ment deux dispositions originales et fort louables : les condamnations étrangères sont assimilées dans l'économie de la loi aux condamnations suisses ; les infractions non intentionnelles ne font pas obstacle au sursis et n'entraînent pas sa révocation. La loi genevoise donne d'ailleurs au système la même ampleur que notre loi.

42. — 3° *Etudes et projets divers.*

Pour compléter cette revue des législations étrangères, j'indiquerai très sommairement les projets ou les études sur la question dans quelques autres pays.

43. — *a*). — *En Autriche* (1), un projet de loi, déposé en 1889 par le ministre de la justice, contient le principe de la condamnation conditionnelle, avec sursis pour l'exécution de la peine, comme en France. La peine ne doit pas dépasser *six mois*, et le prévenu, non antérieurement condamné, avoir un domicile. La période d'épreuve, fixée par le juge, ne peut excéder trois ans.

44. — *b*). — *En Hongrie* (2), la question, qui n'est pas entrée dans le domaine législatif, semble passionner les criminalistes.

Elle a été examinée notamment dans la Diète des juristes tenue à Buda-Pesth, en 1890, et a donné lieu à d'importants travaux de la part de M. Louis Grüber, avocat, et de M. Ladislaüs Fàyer, professeur à l'Université de Buda-Pesth, l'un et l'autre favorables à l'institution. Ce dernier auteur (3) préconise la combinaison de

---

1. V. le texte dans *Bull. soc. pris.*, 1891, p. 16. Cf. *ibid*, p. 268.

2. V. *Bull. soc. pris.*, 1891, p. 67, 1892, p. 23, et p. 690, v. surtout Worms.

3. Son ouvrage (*Sur la réforme du Droit pénal de la Hongrie*) est analysé dans Worms.

la condamnation conditionnelle, dans la forme française, avec une garantie (cautionnement, inscription hypothécaire, caution personnelle).

45. — c). — *En Allemagne* (1), la condamnation conditionnelle n'est pas non plus sortie de la période d'initiative individuelle, mais, au dire de M. Gautier, le temps ne paraît pas éloigné où elle passera dans la phase législative. Des travaux considérables ont été faits sur ce sujet, notamment par MM. *V. Listz, Lammash, Aschrott, V. Hippel,* etc.

46. — d). — Un congrès de juristes hollandais, tenu à Zutphen en juillet 1890, a, au contraire, repoussé l'idée de l'introduction de la réforme en *Hollande.*

La diète des juristes scandinaves, tenue à Copenhague en août 1890, s'est montré moins défavorable (2). Notons que les Chambres suédoises (3) ont rejeté, au cours de la même année, un projet de loi d'initiative parlementaire, établissant la condamnation conditionnelle.

47. — e). — *Suisse : L'avant-projet de Code pénal* suisse, qui donne à la réforme du droit criminel, une ampleur considérable, admet la condamnation conditionnelle. L'emprisonnement suspendu ne doit pas dépasser six mois. La durée du sursis est d'une période fixe de

---

1. V. Gautier, et les auteurs qu'il cite, ainsi que les sources pour le compte-rendu du congrès de *Halles.*

2. *Bull. un. intern. de Droit pén.,* juillet 1891. *Ibid.,* février 1893, p. 68 (projet de M. Getz).

3. *Bull. soc. légis. comp.,* janvier 1891. On peut lire dans le même Bulletin (t. XXI, p. 632), une Étude de M. Typaldo Bassia sur le *sursis à l'exécution de la peine* en Grèce ; pratique qui n'a rien de commun avec la condamnation conditionnelle.

cinq années. Les conditions d'application de la mesure sont énumérées de façon à la restreindre le plus possible (1).

III. — Comparaison du système anglo-américain et du système français.

48. — Nous venons de voir quelle modification profonde avait subie l'idée de la condamnation conditionnelle en passant des législations américaines et anglaises dans celles du vieux continent. Cette transformation est-elle regrettable? On l'a prétendu (2), mais je ne partage pas cette opinion.

Sans doute, la mise à l'épreuve sous le contrôle du *probation officer* semble constituer une réelle supériorité en faveur de la loi de Massachussets, (la loi anglaise ne justifie pas au même degré l'éloge). Je reviendrai sur ce point. — Mais en ce qui concerne le sursis, j'estime que la loi française et celles qui l'ont imitée, ont réalisé un progrès véritable en l'appliquant seulement à l'exécution et non à la condamnation.

49. — Dans cette dernière combinaison, le délinquant est plus favorisé : il n'a même pas la honte de s'entendre condamner ; il sort du prétoire comme il y est entré, et

---

1. Lire à ce sujet à l'étude de M. Gautier : *La réforme pénale en France et en Suisse*, p. 99 et s. (Extrait de la *Revue pénale Suisse*, 1894). Cet avant-projet, destiné à unifier le droit répressif de la Suisse, est dû à M. le professeur Stooss. — Gautier signale dans le même ouvrage, un *projet italien* sur la condamnation conditionnelle, dont je n'ai pu me procurer le texte.

2. Voir notamment Gautier, p. 4, p. 22 et s.

peut porter la tête haute. Par là, — dit-on, — le but du système qui est d'éviter le déclassement, sera mieux rempli. Mais on doit se demander s'il n'y a pas là précisément un abus d'indulgence. C'est déjà beaucoup d'épargner au coupable l'exécution de la peine : n'est-il pas juste, qu'à tout le moins, le délit reconnu constant soit réprimé de suite par un jugement, qui malgré le sursis, contient un blâme positif et donne plus entière satisfaction à l'opinion ? (1).

50. — Au point de vue comminatoire, qui est essentiel, la condamnation *prononcée* me paraît plus efficace que la condamnation *suspendue*. Dans le premier cas, le condamné ne peut plus se faire aucune illusion sur le sort qui l'attend en cas de rechute : dans le second, il conserve l'espoir de s'en tirer à bon compte, peut-être même de profiter de la disparition des preuves, et d'obtenir son acquittement. J'entends bien dire que l'incertitude sur un mal à venir est plus poignante qu'une certitude à cet égard. On compte sur *l'appréhension angoissante* (2) d'avoir à passer de nouveau devant le juge, pour maintenir plus énergiquement le délinquant. Je ne veux pas discuter ici ce problème psychologique; mais il me semble qu'il y a plus d'intimidation dans la pensée d'une peine déterminée prête à recevoir son exécution que dans

---

1. Au fond, du moment que les débats ont été publics et la culpabilité démontrée, je ne vois pas bien comment la suspension de la condamnation serait préférable pour la bonne renommée du délinquant à la suspension de la peine seulement. Il y a là une simple nuance à laquelle la masse de public sera insensible.

2. Worms.

celle d'une condamnation simplement probable et indéterminée dans son *quantum* (1).

51. — J'ajoute que la répression aurait certainement à souffrir de cet intervalle peut-être long entre l'époque du délit et celle de la condamnation, si celle-ci doit intervenir. L'impression des faits sera effacée ; le temps aura accompli son œuvre d'apaisement ; et la condamnation conditionnelle risque ainsi d'aboutir à une disproportion regrettable entre l'infraction et la peine.

52. — Enfin, en pratique, le système anglo-américain se heurte à de sérieuses difficultés. Le tribunal, devant lequel sera conduit le délinquant pour la seconde fois, ou ne connaîtra pas les faits, ou les aura oubliés. De nouveaux débats seront donc, en général, nécessaires. Mais alors, la preuve ne deviendra-t-elle pas souvent bien difficile, impossible même? Si les témoins ont disparu, sur quelle base les juges appuieront-ils leur décision? Il me paraît peu admissible qu'ils statuent sur le vu des procès-verbaux de la première audience. De toute façon, cette solution paraît peu pratique, moins efficace, moins conforme à la justice ; et c'est pourquoi je n'hésite pas à préférer la doctrine des législations française et belge, — sous réserve toutefois de la grosse question de l'épreuve.

§ 3. — **Examen critique du principe**.

53. — La condamnation conditionnelle a donné lieu aux appréciations les plus diverses. Il est peu de question

---

1. C'est là une objection qu'on peut faire contre la théorie de l'indétermination de la peine.

en droit pénal qui aient été discutées avec plus de passion, et on a pu dire qu'à son égard *l'indifférence n'était pas permise*. Si elle a de chauds partisans, elle compte aussi des adversaires déclarés qui l'ont attaquée sous toutes ses faces (1). Je vais, en procédant à l'examen critique du principe, passer en revue les principales objections et en peser la valeur.

I. — La condamnation conditionnelle et la répression.

54. — On oppose à l'institution nouvelle une sorte de question préalable. J'écarterai de suite cet ordre de considérations préliminaires qui met en cause moins l'idée elle-même que l'opportunité de la mesure.

Il est bien étrange, dit-on, alors que de toute part la criminalité augmente, de venir parler de miséricorde et de pardon, au lieu de recourir au moyen que le simple bon sens suggère : un surcroît d'intimidation et de répression (2) ? Jusqu'ici les lois les plus récentes n'ont cessé d'atténuer les peines. C'est la loi de 1875, avec la réduction légale d'un quart de l'emprisonnement subi en cellule ; c'est la loi sur la libération conditionnelle qui per-

---

1. Je dois signaler qu'au sein de la Société générale des Prisons, berceau de la loi Bérenger, l'institution a été repoussée par des hommes éminents, tels que MM. Petit, Lacointa, Cresson, Flandin, etc.

2. Sans doute, comme l'observe quelque part M. B. de Marsangy, il y avait peu de récidivistes lorsque la loi disait : au premier vol le coupable sera piloré, au second il sera pendu. Mais les esprits les plus hostiles aux idées nouvelles voudraient-ils en revenir à la pendaison et au pilori ?

met d'en abréger encore la durée (1). En outre, les magistrats laissent de plus en plus faiblir le peu de répression qui reste inscrit dans nos Codes. A toutes ces avances, les récidivistes ont répondu, nous savons de quelle manière. Il est sérieusement inquiétant de voir, en un tel moment, disparaître une dernière garantie et inaugurer un système, qui, après l'affaiblissement des peines, aboutit à leur suppression.

55. — A ces considérations qu'on entend formuler un peu partout, il est aisé de répondre deux choses.

D'abord, la condamnation conditionnelle, si elle est sagement pratiquée, n'énerve pas la répression, puisqu'elle permet au juge de se montrer moins indulgent dans l'application d'une peine qu'il dépend du coupable d'éviter. Les courtes peines perdent toute raison d'être. Il y a donc là un simple malentendu ; pour quiconque a bien compris le parti à tirer du nouveau système, il demeure évident que les craintes de voir énerver la répression reposent sur une simple apparence.

Ensuite, en écartant ce point de vue, si l'on veut bien considérer que la condamnation conditionnelle doit correspondre à une sévérité plus grande en cas de rechute et n'est en somme que la contre-partie de mesures de rigueur contre les récidivistes, on reconnaîtra qu'il n'y a pas affaiblissement, mais simple déplacement de la répression. Il ne s'agit pas tant de frapper beaucoup, que de frapper juste, et alors de frapper énergiquement.

---

1. Depuis lors, on peut citer dans le même ordre d'idée la loi sur l'*imputation de la détention préventive*.

Si donc il est vrai, en un certain sens, que le nouveau système marque une étape de plus dans la voie de l'adoucissement progressif des lois pénales et vérifie ainsi la parole d'Ierhing « *L'histoire de la peine est une abolition constante* », il est juste aussi d'ajouter que l'équilibre est rétabli d'un autre côté.

Au fond, ce qu'en peut redouter surtout, c'est l'insuffisance de la condamnation avec sursis au point de vue de l'exemple. Je reviendrai sur ce sujet.

II. — La condamnation conditionnelle et les principes généraux sur le droit de punir.

56. — La question est ici plus haute : la condamnation conditionnelle est-elle contraire aux principes sur lesquels repose le droit de punir? (1).

On pourrait, sur ce point, discuter bien longtemps sans aboutir, puisque la solution dépend du point de départ adopté, c'est-à-dire de la base qu'on assigne au droit de punir.

Si l'on admet comme son unique fondement la justice absolue et le principe d'expiation, il paraît assez difficile de justifier la théorie nouvelle : une combinaison qui permet au coupable d'esquiver le châtiment, conséquence nécessaire de la faute, semble consacrer une injustice et méconnaître les droits et les devoirs de la société, en matière de répression.

57. — Sans m'attarder à réfuter cette conception et l'argument qu'on en peut tirer contre la loi nouvelle, je

----

1. V. Sur le principe, Garraud, I. p. 38 et les auteurs cités.

ferai observer cependant que la condamnation conditionnelle n'aboutit pas à la négation de l'expiation, puisque
celle-ci aura lieu précisément lorsque le coupable par sa
rechute témoignera d'une véritable perversité. D'autre
part, dans le cas même où la peine n'est pas subie, il y
a une expiation d'une autre nature, celle qui résulte de
la menace sérieuse et prolongée pendant cinq ans, et de
la honte même de la condamnation. Il y a une sorte de
peine morale, et, par hypothèse, la mesure nouvelle ne
doit être appliquée qu'aux délinquants présumés sensibles à une infliction de cette nature. Le principe d'expiation n'est donc pas méconnu comme il le serait par un
acquittement, après reconnaissance de la culpabilité (1).

58. — Pour ceux au contraire qui fondent avec raison
le droit de punir non pas sur la seule moralité des actions
humaines, mais encore sur l'utilité sociale, le système
nouveau se concilie assez facilement avec les principes (2).
La suspension de la peine est en effet, ne l'oublions pas,
non une pure faveur, mais une mesure de préservation
générale. Or, si l'on admet par hypothèse, — on peut le
contester mais là n'est pas la question, — que dans certains cas la peine n'est pas utile, qu'elle est même contraire à l'intérêt public, la théorie est toute justifiée.
D'une part, l'idée de justice n'est pas sacrifiée autant

---

1. Il faut ajouter aussi que la condamnation produit, malgré
le sursis, certaines conséquences qui atteignent immédiatement
le coupable (peines accessoires, casier judiciaire... etc.).

2. On peut même dire que la loi de 1891 continue logiquement
les réformes introduites depuis 1832 dans notre Code pénal, et
qui se sont inspirées, on le sait, de cette théorie éclectique.

qu'on veut bien le dire, je l'ai indiquée plus haut ; d'autre part, si l'exercice du droit de punir a sa mesure dans l'utilité sociale, il est parfaitement logique de suspendre l'infliction d'une peine dont l'exécution paraît inopportune et dangereuse, jusqu'au jour où l'évènement viendra démontrer qu'elle est utile (1).

Il faut observer d'ailleurs qu'il serait bien singulier de présenter la condamnation conditionnelle comme une anomalie inconciliable avec les saines traditions, si l'on admet la *prescription* (2) et même le *non-cumul des peines* en cas de concours de délits. Je ne vois pas bien en quoi ce système cadrerait plus mal avec les principes du droit pénal, avec l'idée d'expiation elle-même, que les deux autres.

59. — Reste à savoir si l'opinion accueillera ces subtilités philosophiques, et si en présence d'une telle condamnation, elle se montrera satisfaite par cela seul que les grands principes sont saufs. Ce renvoi d'instance dans des conditions que la masse du public comprendra mal, n'est-il pas de nature à révolter chez beaucoup le sentiment inné du juste et de l'injuste, et à fausser dans la conscience populaire l'idée même de justice, comme peu.

---

1. Je crois inutile d'examiner, par rapport à la question qui nous occupe, les autres théories sur le droit de punir. Il est évident que notre système doit trouver peu de crédit chez ceux qui considèrent le coupable comme un fou, un animal dangereux dont l'élimination s'impose (Cf. sur ce point, *les Erreurs et les dangers de l'anthropologie criminelle*, par C. de Vence, *Bull. soc. pris.*, 1892, p. 298).

2. Aussi un auteur allemand (Wirth, cité par Gautier), fait-il remarquer que la prescription est un précédent pour la condamnation conditionnelle.

vent le faire certains acquittements scandaleux (1)? Je ne puis que poser ici la question sans la résoudre. C'est là en effet une de ces objections pratiques comme le système nouveau en soulève à chaque pas, et auxquelles une application intelligente de la loi peut seule répondre. Sans doute, l'usage excessif et inconsidéré de la condamnation conditionnelle serait, à ce seul point de vue, — abstraction faite de la question d'exemplarité, — profondément regrettable. La conclusion pratique à tirer de là c'est qu'en général la faveur du sursis ne devra pas être concédée lorsque le délit aura eu un certain retentissement et causé un vrai scandale. Il paraît sage d'en restreindre l'application aux cas où la conscience publique loin d'être affectée d'une telle solution, la considèrera elle-même comme la plus conforme à la justice sainement comprise.

III. — La condamnation conditionnelle et le pouvoir nouveau conféré aux juges.

60. — La condamnation conditionnelle, en permettant au juge d'individualiser davantage la peine, réalise, nous l'avons vu, l'un des vœux de l'école moderne. On a trouvé cependant, dans ce pouvoir nouveau, matière à plusieurs objections, les unes, purement théoriques, les

---

1. C'est dans cet ordre d'idée que les adversaires de notre loi ont souvent allégué avec insistance l'application qui en fut faite peu de temps après sa promulgation, par la Cour d'assises du Gard, dans une affaire dite de la *Loterie de Bessèges*. La suspension de la peine dans ce cas souleva en effet une certaine émotion, et cet exemple a été plusieurs fois cité à la Société Générale des prisons.

autres pratiques, qu'il faut examiner. Je ferai auparavant une remarque qui a son intérêt.

61. — Si importante que soit l'innovation au point de vue de l'extension du pouvoir des juges, elle n'est pas pour surprendre dans une législation qui, comme la nôtre, admet les circonstances atténuantes d'une manière générale et indéterminée. Lorsque je vois les juges libres d'abaisser la peine, en matière correctionnelle, jusqu'à la supprimer en quelque sorte, je ne puis être très étonné de la faculté nouvelle qu'ils possèdent de ne la prononcer que conditionnellement. Il faut donc reconnaître qu'il y a dans la théorie actuelle des circonstances atténuantes que beaucoup considèrent comme l'arche sainte à laquelle on ne peut toucher sans sacrilège (1), un précédent de nature à atténuer la portée pratique des objections qui suivent.

62. — A. — *Objections théoriques.* — On prétend que la condamnation conditionnelle entraîne le juge hors de son domaine et constitue un oubli de sa véritable mission, à deux points de vue.

a). — *Dérogation aux règles en matière d'exécution* (2). Ordonner le sursis, c'est s'immiscer dans une question

---

1. On l'a bien vu dans la discussion à la Chambre de la 2° partie de la loi Bérenger qui apportait, pour le cas de récidive, certaines restrictions à l'art. 463. Ç'est avec indignation que plusieurs orateurs ont dénoncé ce retour en arrière (V. rapp. Barthou). Serait-il paradoxal de prétendre qu'il y a moins de danger dans la loi nouvelle que dans l'article 463 ? Il y aurait là matière à une intéressante controverse.

2. V. les observ. de M. Lacointa à la Société des Prisons (*Bull.,* 1890), et introd. au C. pénal d'Italie, p. XLIII.

d'exécution. Or, c'est à l'administration qu'il appartient de régler tout ce qui touche à l'exécution. Les juges doivent se borner à reconnaître la culpabilité et à appliquer la peine. — Il est facile de répondre que la compétence exclusive de l'administration en cette matière n'est pas un dogme. La scission qui existe entre le jugement et son exécution, loin d'être un principe rationnel, est au contraire vivement attaquée aujourd'hui (1). Je ne crois donc pas devoir m'arrêter à un argument aussi contestable.

b). — *Empiètement sur le droit de grâce.* — La condamnation avec sursis n'est au fond qu'une *grâce conditionnelle* puisqu'elle aboutit à une remise de la peine sous condition. A ce point de vue, le nouveau système porterait atteinte à l'une des prérogatives du chef de l'Etat, et la transporterait aux magistrats, au mépris de la Constitution : et de cette règle de droit public formulée par Montesquieu (2). « Le droit de grâce ne saurait être dans les mêmes mains que celui de juger. »

Il convient d'observer que cette objection, toute de forme d'ailleurs (3), pourrait s'adresser tout aussi bien

---

1. « Tous ceux qui ont à cœur les réformes pénales dénoncent sans cesse comme l'un des grands vices de la pénalité d'aujourd'hui la séparation entre le prononcé de la peine et son exécution » (Gautier, *Pour et contre les peines indéterminées*, p. 5). L'Union intern. de droit pénal a adopté l'idée de cette réforme comme l'une des bases de ses travaux (V. les *Statuts* de l'Union). Cf. Garraud, I, n. 287 et 288.

2. *Esprit des Lois*, VI, 5. Cf. Saint-Girons, *Manuel de Droit constitutionnel*, p. 386.

3. En effet, comme le remarque justement M. Gautier, il suffirait pour rentrer dans la légalité d'entourer la loi sur les condam-

à la libération conditionnelle (1), qui aboutit à des
réductions de peine sans l'intervention du chef de l'Etat.
Cette considération n'a cependant pas entravé le rapide
développement de ce dernier système. Remarquons aussi
que la grâce conditionnelle aurait en tout cas une supériorité évidente sur la grâce pure et simple, puisqu'elle
oblige à un effort, et ne désarme pas immédiatement la
société contre un coupable reconnu plus tard indigne de
faveur. Cette usurpation sur les droits du pouvoir exé-
cutif ne serait donc pas, à tout prendre, si fâcheuse.

Mais au fond, l'objection ne porte pas : si le sursis
présente avec la grâce certaines analogies, il en diffère
sous plusieurs rapports, notamment par la révocation
possible, et par l'effacement de la condamnation, effets
que ne produit en aucun cas la remise de peine par voie
gracieuse (2).

63. — B. — *Objections pratiques.* — Le pouvoir dis-

---

nations conditionnelles des solennités requises pour les modifications constitutionnelles.

1. L'objection a été, en effet, soulevée (V. *le rapp. de M. Gomot
sur la loi du* 14 *août* 1885, D. 85, 4, 60). C'est surtout en Belgique, lors de la discussion de la loi de 1888 que cette question du
droit de grâce a été passionnément discutée (V. le *Recueil des doc.
parl. relatifs à la loi de* 1888, passim.).

2. La jurisprudence décide bien que les tribunaux ne peuvent
ordonner de surseoir à l'exécution de leurs jugements, le sursis
étant un premier acte de grâce (Dalloz. Rep. V° *Grâce,* n. 13).
Cette règle demeure exacte malgré la loi du 26 mars 1831, et il n'y
a pas contradiction entre ce principe, et l'idée émise au texte.
C'est ce que démontre très bien Dalloz (Rep. Supp. V° *Grâce,* n. 5).
Observons, pour ceux qui tiennent à voir dans le sursis une
grâce octroyée par le juge qu'on trouverait un précédent à cette
usurpation dans la *grâce judiciaire* de l'art. 16 de la loi sur la
relégation.

crétionnaire que le système nouveau confère aux juges n'a-t-il pas l'inconvénient de livrer leurs décisions à la polémique des partis et à des interprétations directement contraires au respect qui doit entourer l'œuvre de la justice?

On l'a dit, au sein même du Parlement français : il y a là le germe d'une certaine suspicion contre la magistrature; et de bons esprits, sans mettre en doute l'impartialité des juges, se sont montrés sensibles à cette idée (1).

On pourrait bien répondre que s'il fallait entrer dans cette voie, la logique conduirait à réclamer la suppression de tout pouvoir appréciateur, et le retour aux peines fixes, qui seules ne laissent aucune place au soupçon contre les magistrats transformés en machines à juger. L'argument va donc au-delà de son but. Et cependant, je ne veux pas nier que la faculté de sursis, plus que tout autre latitude laissée aux tribunaux, ne soit de nature à dérouter quelquefois l'opinion, principalement par la différence de traitement qu'elle autorise entre condamnés de responsabilité identique (2). — A un argument de

---

1. V. Disc. de M. Demôle au Sénat, séance du 3 juin 1890. Cf. dans le même sens, le discours de M. de l'Angle-Beaumanoir. Des magistrats eux-mêmes s'en sont préoccupés; c'est ainsi que M. Greffier, conseiller à la Cour de Cassation, disait dans une séance de la Société des Prisons : « L'opinion publique en présence d'une décision qui n'a d'autres règles que l'appréciation personnelle, si arbitraire du juge, ne comprendra pas toujours les raisons qui l'ont guidée, et certainement le magistrat pourra perdre beaucoup de son prestige et de son autorité (Bull. 1891, p. 1078).

2. Au parlement belge l'opposition libérale avait fait valoir que la condamnation conditionnelle ne profiterait qu'aux amis du gouvernement et aux délinquants des classes aisées.

cette nature, il n'est pas de réponse directe. On peut dire néanmoins qu'il ne doit pas arrêter sérieusement l'attention, dans les pays où l'impartialité reconnue des magistrats inspire une légitime confiance. Il y a lieu de croire d'ailleurs que si, dans les débuts, la condamnation conditionnelle peut exciter une surprise qui se traduira par des critiques à l'adresse des juges, il n'en sera plus de même lorsque l'opinion sera accoutumée à l'innovation. Il dépend au surplus des tribunaux d'éviter par leur prudence, de donner prise, aux interprétations malveillantes (1).

64. — Ce sont à peu près les mêmes considérations de fait que l'on peut opposer à une autre série d'objections assez voisines de la précédente. — On insiste en effet, et on présente la condamnation conditionnelle comme ouvrant la porte à l'arbitraire, comme donnant naissance à une foule d'abus. L'application utile du système n'exige-t-elle pas chez le juge des qualités par trop exceptionnelles, une fermeté inébranlable, qui le mette à l'abri de toute influence, et de toute passion, une profonde connaissance du cœur humain, un véritable don de divination ? Et on conclut qu'il est dangereux de confier à un homme un pouvoir qui réclame chez lui une sagesse presque surhumaine. (2).

Il ne faut rien exagérer ; mais on ne peut disconvenir que l'exercice de leur nouvelle prérogative ne demande,

---

1. Pour le dire en passant, il y a peut-être là un motif pour n'user du sursis qu'avec la plus grande réserve en matière politique.

2. V. le disc. déjà cité de M. de l'Angle-Beaumanoir.

en effet, de la part des magistrats une prudence et un discernement particulier. Que conclure de là, sinon qu'ils auront à cœur de se montrer à la hauteur de leur mission et de justifier la confiance du législateur ? Par là, le rôle du juge répressif se trouve relevé, et les magistrats le comprendront en attachant à la partie pénale de leurs fonctions une importance spéciale (1).

IV. — La condamnation conditionnelle et les droits de la partie lésée.

65. — Un criminaliste (2) fait observer, non sans raison, que les théories modernes de l'amendement du coupable ont contribué à développer un système répressif où l'on s'occupe plus du sort du détenu que de celui de sa victime.

La condamnation conditionnelle donne-t-elle à ce grief une nouvelle force ? Sacrifie-t-elle à l'intérêt du coupable les droits de la partie lésée ?

En pure théorie, on ne saurait le prétendre. La victime du délit n'a droit qu'à des réparations civiles, et non à la peine. Or, la condamnation avec sursis sauvegarde ses intérêts, puisque la suspension ne comprend pas les dommages-intérêts.

---

1. M. Gautier écrit très justement : « Aussi longtemps que les magistrats chargés de besognes multiples et disparates, considéreront la répression comme la partie accessoire et fastidieuse de leurs fonctions, tant que nous n'aurons pas de *juges pénaux*, au sens complet du mot, les naïfs seuls peuvent croire à l'avènement d'une justice meilleure » (*P. et C. les peines indéterminées*).

2. M. Prins.

66. — Mais si la discussion n'est guère possible sur le terrain du droit pur, ne peut-on pas dire tout au moins que l'infliction immédiate de la peine donne à la victime du délit une satisfaction morale et qu'on ne peut équitablement l'en priver ? Il a même été allégué qu'une telle solution présentait un certain danger, celui, en exaspérant la victime, de la pousser à se venger elle-même (1).

Je suis peu sensible à cette dernière crainte. Je n'imagine pas qu'il y ait lieu de redouter sérieusement les représailles ; mais je reconnais volontiers qu'il y a dans la première considération une part de vérité : il est tel cas où la décision de sursis paraîtrait un véritable déni de justice, et où il y aurait scandale à laisser le coupable sortir libre du prétoire, en même temps que sa victime (2). Tous les dommages ne sont pas réparables en argent, et l'expiation immédiatement imposée à l'auteur du délit peut seule, dans certaines hypothèses, assurer à celui qui en a souffert une légitime satisfaction. Mais c'est là une considération toute de fait, et il convenait de laisser aux tribunaux le soin d'apprécier dans quels cas ils devront l'accueillir.

67. — Quoiqu'il en soit, cette question a préoccupé assez vivement certains esprits, et diverses propositions

---

1. M. Garofalo. Cette objection est d'ailleurs purement relative ; tout dépend des mœurs et du tempérament de chaque peuple. Il se peut donc que les craintes exprimées par Garofalo, qui songe naturellement à ses compatriotes, soient fondées par rapport à l'Italie.

2. Je songe en particulier ici aux délits de violence contre les personnes, et notamment aux attentats aux mœurs (cf. dans cet ordre d'idée les dispositions des articles 635, § 2. C. Instr. Cr. et 229 du C. pénal).

ont été présentées dans le but de corriger, à cet égard, l'iniquité prétendue de la condamnation conditionnelle.

a). — Les uns voudraient que la mesure fût subordonnée au consentement de la partie lésée (1). Cette idée est inacceptable. On ne peut laisser à la discrétion d'un particulier la solution de questions intéressant l'ordre public. Admettrait-on que la victime du délit puisse s'opposer à la grâce ?

b). — D'autres pensent que le bénéfice du sursis devrait être légalement refusé à tout inculpé qui n'aurait pas préalablement réparé le préjudice (2). Je ne saurais approuver sans restriction cette manière de voir. En fait, il est parfaitement juste de considérer comme non repentant, celui qui, le pouvant, n'a pas désintéressé la partie lésée ; c'est là une circonstance dont les tribunaux devront toujours tenir compte (3). Mais j'estime qu'il serait regrettable d'inscrire ce principe dans la loi comme condition nécessaire de l'obtention du sursis (4). Le délinquant peut se trouver dans l'impossibilité de réparer, immédia-

---

1. Garofalo.

2. M. Puybaraud, au Congrès de Saint-Pétersbourg.

3. M. Bérenger a formellement exprimé cette opinion à la Société Générale des Prisons.

4. M. Prins a été jusqu'à émettre l'opinion qu'il serait utile d'obliger *dans tous les cas* le condamné conditionnel à une réparation envers la partie lésée (3ᵉ sess. de l'*Union intern. de droit pén.* tenue à Christiania en avril 1893). Cette idée procède évidemment de la théorie émise par quelques criminalistes que la réparation civile de l'infraction doit être considérée comme d'ordre public, et accordée, même sans l'intervention du plaignant, sur les réquisitions du ministère public (V. rapp. d'Alimena, *Bull. de l'Union*, 2ᵉ an., nᵒ 2, et les sources indiquées par Garraud, II, p. 20 à la note).

tement du moins, le dommage ; et il ne serait pas acceptable de faire dépendre une mesure d'intérêt social d'une circonstance d'ordre essentiellement privé.

c). — Toutefois, je proposerais volontiers un système mixte : la loi pourrait laisser aux juges la faculté de décider que le condamné perdra le bénéfice du sursis, s'il n'acquitte pas les réparations civiles dans un délai déterminé. Il y aurait ainsi à la fois, satisfaction pour la victime, stimulant nouveau pour le condamné, et sanction très légitime en cas d'inaction ou de mauvaise volonté de sa part. C'est, selon moi, dans ces conditions seulement qu'une législation rationnelle doit accueillir l'idée émise plus haut.

V. — La condamnation conditionnelle et l'amendement.

68. — Le système nouveau vise avant tout à l'amendement du coupable ; c'est ce but qui justifie en grande partie l'innovation ; et ses adversaires lui reprochent même de tout sacrifier à cette pensée, notamment les droits de la justice, — je me suis déjà expliqué sur ce point, — et la nécessité de l'exemple ; — j'en parlerai plus loin.

Il est donc très important de savoir si les moyens mis en œuvre sont efficaces et peuvent atteindre le résultat cherché.

69. — Nous savons déjà quel est le procédé du législateur : il se sert de deux moyens moraux : d'un côté, la crainte de la peine suspendue, dont l'exécution est possible à chaque instant, et qui sera doublée peut-être par

une seconde peine ; de l'autre, la perspective de l'exonération définitive et d'une réhabilitation légale.

Il y a certainement dans cette combinaison de deux mobiles contraires et également puissants, un stimulant très énergique (1). Le délinquant sera constamment sollicité par un double intérêt à traverser l'épreuve dans les conditions prescrites. Mais cela suffit-il ? On le nie, et on ajoute que, même victorieusement traversée, une telle épreuve n'est pas concluante.

70. — A. — Pendant la période de suspension, le condamné est abandonné à lui-même : on l'invite à se régénérer tout seul comme il l'entend. Or, ce délinquant primaire, ne sera-ce pas souvent un être faible qu'il faudrait soutenir, un isolé qu'il faudrait entourer, un indécis qu'il faudrait arracher au milieu mauvais où il se perd ? N'est-il pas quelque peu dérisoire de lui rendre la liberté sans aucune préparation, en le laissant sous la seule sauvegarde d'un frein moral, mais sans rien faire pour l'aider pratiquement dans les difficultés qui l'attendent, accrues par la condamnation et le casier judiciaire (2) ? Il y a là une lacune immense, et un tel système ne peut donner aucun bon résultat.

Je reconnais en principe la justesse de cette critique. Il ne faut pas se dissimuler que pour l'un ou l'autre de ces motifs, la condamnation conditionnelle risque d'a-

---

1. C'est, dit M. Bérenger, le minimum de pénalité produisant le maximum d'intimidation (rapp. du 6 mars).

2. M. Gautier insiste particulièrement sur cette idée : il voit, dans la répulsion dont sera l'objet ce condamné comme tout autre, une cause d'insuccès pour le nouveau système (p. 31 et 32).

boutir dans bien des cas à un échec plus ou moins prompt.

Son insuffisance, sur ce point, se manifestera surtout à l'égard de deux catégories de condamnés : les *jeunes gens*, et les *vagabonds et mendiants*. Or, ce sont là des délinquants qui doivent particulièrement appeler au point de vue préventif l'attention du législateur, et paraîtraient plus que tous autres désignés pour recueillir le bénéfice du sursis : les premiers, parce qu'ils ne sont pas foncièrement pervertis et peuvent se régénérer ; les seconds, parce que la nature même de leur délit implique plutôt de l'indolence qu'une intention vraiment coupable (1). Ces derniers fournissent d'ailleurs un énorme contingent à l'armée des récidivistes (2). Il serait fâcheux que le nouveau système soit sans effet moralisateur

---

1. Le vagabondage et la mendicité sont l'école préparatoire du crime. On a pu dire avec raison que les vagabonds n'étaient que des *voleurs paresseux.* Il importe donc souverainement d'enrayer le mal dès le début, avant qu'il ne devienne chronique. Le système actuel de répression est jugé déplorable par tout le monde. La courte peine appliquée à de tels délinquants est un non-sens. Or, il est bien à craindre, pour les raisons énoncées ci-dessus, que la condamnation conditionnelle soit inefficace à leur égard. On préconise beaucoup la *maison de travail.* Un projet de loi a été déposé dans ce sens. La Belgique nous a devancé dans cette voie : la loi du 27 novembre 1891 donne d'excellents résultats. On peut étudier la question dans le Bull. de la Société des Prisons, qui s'en est beaucoup occupé (V. notamment, *1886,* passim. ; *1891,* p. 44, 165, 541, 570). V. aussi Garraud, IV, p. 88 et s. Cf. art. 38 du projet de révision du C. pén.

2. Alors que la récidive générale se chiffre par 47 pour 100 environ, elle atteint 78 pour 100 pour les prévenus de mendicité et 79 pour 100 pour les prévenus de vagabondage (statistique de 1890). La progression est d'ailleurs continue.

dans ce cas. N'y a-t-il donc pas un moyen de le compléter ?

71. — *a).* — *Surveillance officielle.* — On vante naturellement dans ce but l'institution du *probation officer*. Pourquoi en adoptant la condamnation conditionnelle, les législations européennes l'ont-elles dépouillée de ce complément indispensable qui en avait assuré le succès dans le petit état de Massassuchets ? J'admets sans hésitation l'excellence de l'idée américaine ; mais je ne la crois pas d'une réalisation pratique dans un grand pays. Quand on a vu la réforme des prisons se heurter à des difficultés matérielles qui l'ont retardée pendant vingt ans, ne serait-il pas chimérique de réclamer la création d'une nouvelle hiérarchie de fonctionnaires, destinés à servir de tuteurs aux condamnés conditionnels ?

Il est vrai qu'on pourrait tout simplement soumettre ceux-ci au même contrôle que les libérés conditionnels (1), et les placer en quelque sorte sous la surveillance de la police. Mais, sans parler des inconvénients certains de cette mesure justement discréditée, son efficacité au point de vue du patronage proprement dit reste à démontrer ; et d'autre part, elle constituerait pour les condamnés à des peines légères une peine accessoire plus dure que l'autre.

72. — *b).* — *Caution.* — D'autres mettent en avant l'idée de la *caution,* dont la législation anglaise nous offre l'exemple. Le condamné conditionnel pourrait être

---

1. La législation française ne contient d'ailleurs aucune réglementation sur ce point (V. Garraud, I, n. 285).

tenu, soit de présenter un tiers qui se porterait en quelque sorte garant de sa bonne conduite ; soit de verser un cautionnement en espèces qu'il perdrait en cas de déchéance du sursis (1).

Ce système ne vaut certainement pas, à beaucoup près celui du *probation officer*. On ne peut supposer que la surveillance de la caution personnelle sera bien efficace ; et quant au cautionnement en espèces, il laissé subsister en entier le danger de l'isolement et de l'abandon du condamné. — Mais enfin, à défaut de mieux, ne conviendrait-il pas de renforcer ainsi les conditions de l'épreuve ?

Je n'y contredirais pas en principe : on doit accueillir avec empressement tous les moyens propres à donner de nouvelles garanties à la société, et à maintenir le condamné dans la bonne voie. Mais je ne saurais admettre dans une législation rationnelle, que le sursis soit nécessairement subordonné à l'une de ces deux obligations. Ce serait créer un privilège légal en faveur de certains délinquants, les plus riches, les moins abandonnés, et entraver l'exercice de la mesure dans des circonstances

---

1. Le C. pén. italien combine, nous le verrons, le syst. de la *caution* avec la réprimande judiciaire (V. sur l'origine très ancienne de cette idée, Lacointa, C. pén. italien, p. 24, à la note. Cf. sur la question, *Bull. soc. pris.*, 1886, p. 991, 1887, p. 15). Le rapp. du Garde des Sceaux Zanardelli sur le C. italien contient d'intéressants développements à ce sujet, et des sources (Relaz. Zanardelli, t. I, p. 125 et s.). L'éminent auteur du projet voit là un excellent moyen d'éveiller chez les citoyens le sentiment de l'assistance mutuelle, et de les rendre en quelque sorte solidaires avec la magistrature pour le maintien de l'ordre. — Notre législation a admis la caution en matière de liberté provisoire (art. 114 et s. C. Instr. Cr.).

où elle paraîtrait cependant utile. Il faut donc laisser au juge le soin d'apprécier dans quels cas il serait nécessaire d'imposer au condamné l'obligation de fournir caution.

73. — *c*). — *Patronage*. — C'est dans le patronage qu'il faut chercher la vraie solution de la difficulté. Si l'épreuve n'a pas par elle-même une valeur réformatrice, si pour beaucoup la condamnation conditionnelle n'est qu'un bienfait inutile parce qu'ils retomberont dès le premier pas, faute d'un soutien, le patronage contient le remède à cette situation. On ne peut s'occuper des moyens de prévenir la récidive, sans rencontrer immédiatement la question du patronage. Il est le complément indispensable de la condamnation conditionnelle aussi bien que de la libération conditionnelle (1). Ce rôle si justement vanté du *probation officer*, les sociétés de patronage auront à cœur de le remplir. Il y a là un nouveau champ ouvert à leur sollicitude (2); et il faut espérer que les résultats obtenus dans cet ordre d'idée dissiperont les craintes que peut inspirer l'insuffisance de

---

1. C'est ce qu'a très bien montré M. H. Rollet (*Bull. soc. pris.*, 1891, p. 446). Il considère comme nécessaire que les sociétés de patronage viennent offrir à l'audience même leur concours pour la protection des prévenus admis au sursis. Il ne faut pas, dit-il, qu'un prévenu qui a vagabondé, mendié, ou même volé, parce qu'il avait faim, ait à regretter la prison où il aurait trouvé momentanément abri et nourriture.

2. Sans doute, les condamnés conditionnels ne sont pas *des libérés;* mais ce n'est qu'une question de mot. V. à ce sujet, la communication de M. Berthélemy sur le sauvetage de l'enfance et le patronage des libérés à Lyon (*Bull. soc. pris.*, 1891, p. 523). Les sociétés ne voudront pas mettre leur honneur à patroner uniquement des libérés.

l'épreuve pour l'amendement de certains condamnés (1).

74. — B. — *Défaut de valeur de l'épreuve.* — Admettons que, malgré tout, le condamné arrive au terme de l'épreuve, sans encombre : cela prouve-t-il qu'il soit amendé? En aucune façon. On sait qu'il n'a pas encouru une nouvelle condamnation grave ; et c'est tout. Il aura pu mener une conduite scandaleuse et côtoyé le code pénal. Mais on ne s'en inquiète pas. Tout ce qu'on exige de lui, c'est qu'il ne se fasse pas reprendre ; dans ce cas on le répute amendé, et on lui accorde faveur sur faveur. Un tel *criterium* est insuffisant ; l'épreuve n'est pas concluante. Il y a là une prime à l'habileté et à l'hypocrisie plus qu'au repentir.

75. — Tout en reconnaissant que le système de la loi porte le condamné moins à faire des efforts positifs pour se régénérer, qu'à s'abstenir simplement des actes délictueux (2), le grief ainsi formulé me paraît un peu chimérique. Quelle doit être en définitive la prétention du législateur? Est-ce d'amener les délinquants à la perfection morale? Non, mais bien de diminuer le nombre des délits et d'empêcher la violation de la loi positive. Il ne saurait, sans sortir de son domaine, se montrer plus exigeant. Il peut donc tenir pour amendé un coupable qui paraît devoir désormais respecter le Code pénal. Or, n'a-t-on pas lieu d'espérer qu'un individu qui s'est maintenu

---

2. Il est un procédé dont le patronage use parfois avec succès, c'est l'*expatriation*. Mais ne paraîtrait-il pas peu loyal de favoriser l'expatriation des condamnés conditionnels, ne serait-ce pas altérer les conditions de l'épreuve.

2. C'est ce qui a fait dire à certains criminalistes, que la condamnation conditionnelle n'a pas de *valeur éducative*.

dans ces limites pendant cinq années, — les plus difficiles à passer, puisqu'elles suivent immédiatement la condamnation, — est réellement affermi dans la résolution de ne plus enfreindre la loi pénale?

76. — Si l'on serre de plus près l'objection, on voit qu'en définitive, elle revient à ceci : il faudrait subordonner la déchéance du sursis, non au fait matériel d'une seconde condamnation, mais à la constatation de la mauvaise conduite. Dans ces conditions, si le délinquant arrive au terme de la période de suspension sans être déchu, c'est qu'il serait réellement amendé. Mais comment constater la mauvaise conduite en dehors d'un jugement qui en rapporte la preuve ? Nous retrouvons ici la lacune signalée plus haut ; du moment que le bénéficiaire du sursis n'est pas et ne pouvait guère être soumis à une surveillance officielle, on est bien réduit à admettre comme *criterium* de son indignité un fait matériel tel qu'une seconde condamnation. D'où il suit qu'on le réputera non indigne, c'est-à-dire amendé, dans le cas contraire (1).

77. — Concluons que si le système de la condamnation conditionnelle offre pour la moralisation du coupable des

---

1. Faut-il observer qu'il est chimérique de vouloir obtenir des preuves en quelque sorte mathématiques de l'amendement du coupable, avant de désarmer contre lui ? Cette exigence a inspiré en partie, la théorie de l'*indétermination de la peine* : il s'agirait de proportionner l'emprisonnement non au délit, mais à la nécessité de l'amendement, et ne le faire cesser qu'après avoir acquis à ce sujet une certitude. Cela est très beau en théorie. en pratique, les difficultés apparaissent, et au total, on finit par s'en rapporter à un gardien de prison (V. sur la question, Gautier, *Pour*

garanties sérieuses, il a besoin cependant d'être com-
plété par le patronage ; mais que, d'autre part, on doit
considérer l'épreuve comme suffisamment concluante,
lorsque le condamné arrive au terme dans les conditions
prévues par la loi.

VI. — La condamnation conditionnelle et l'exemple.

78. — J'ai examiné le principe de la suspension sous
ses divers aspects. J'ai été amené à reconnaître que les
critiques de pure théorie étaient peu fondées. Je ne me
suis arrêté qu'aux objections pratiques, en concluant
d'ailleurs qu'elles pouvaient être résolues par une application prudente de la loi.

J'aborde enfin la dernière et non la moins grave des
objections. Il s'agit de savoir si la condamnation conditionnelle est efficace au point de vue de l'*exemple* : question essentielle. Ce n'est pas asssez d'amender ou de
préserver un ou plusieurs délinquants déterminés ; il faut
encore, par l'exemple, agir sur l'ensemble des citoyens ;
et, comme le dit M. Garraud (1), on doit se garder dans
un système pénal de rechercher l'effet réformateur au
détriment de l'effet exemplaire : le premier est dési-
rable, le second est nécessaire. Ce serait en effet un
étrange et fâcheux résultat, si, pour éviter quelques

---

et contre les peines indéterminées, extrait de la Revue pénale
Suisse, 1893. *Des peines indéterminées*, par M. Vannier, *Bull. soc.
pris.*, 1893, p. 737. *Considérations sur l'indétermination des
peines*, par G. Tarde, même Bull. p. 750. Garraud, I, p. 417, à la
note et les sources citées).

1. I, n. 32.

récidives, on multipliait le nombre des premiers délits.

79. — Sur ce point, la critique est aisée. On l'a dit et redit : le nouveau système, loin de faire obstacle à ces premiers délits, y provoque en quelque sorte, car il place la prime du sursis à l'entrée de la carrière criminelle. Il n'oblige à réfléchir qu'après une première condamnation. Il accrédite ce fâcheux préjugé, que la première fois ne compte pas ; et qu'ainsi chacun peut se donner le luxe de commettre impunément au moins une infraction (1).

80. — Il y a de l'exagération dans ces pronostics : je le veux bien. J'admets aussi que le public, en voyant des condamnés perdre le bénéfice du sursis et subir deux peines, comprendra à la longue le mécanisme de l'institution et sera moins tenté de considérer la condamnation conditionnelle comme une menace dérisoire. Je reconnais enfin, si l'on veut, que l'exemple n'est pas toujours dans la rigueur, qu'il est aussi dans l'équité des décisions (2). On peut affaiblir l'objection, mais non la résoudre.

---

1. Ces critiques ont été présentées sous une forme très humoristique, et, il faut bien le dire, parfois très saisissante malgré leur exagération, par M. le marquis de l'Angle-Beaumanoir (Disc. au Sénat, séance du 3 juin 1890). « Les préméditations les plus criminelles, dit-il, s'embelliraient des espérances les plus encourageantes. Tout coquin en perspective, se verrait, après son crime accompli, recevant les consolations empressées du juge sentimental, du juge aux cinq ans de sursis, du juge amnistiant, fournisseur de casiers judiciaires lessivés et désinfectés... »

2. Un jugement, disait M. Bérenger à la Société des Prisons, qui tout en frappant la faute, tient compte d'une vie entière de

Il ne faut pas, en effet, se le dissimuler : aux yeux d'un grand nombre, la condamnation conditionnelle semblera une variété d'acquittement. Le public indifférent n'approfondira pas, et ne pensera même point au caractère simplement suspensif de la décision ; il ne verra qu'une chose : le renvoi d'instance sans infliction immédiate, c'est-à-dire une sorte de pardon après la première faute (1).

81. — C'est évidemment à la pratique seule qu'il appartient de résoudre une si grave objection. Les avantages que présente le nouveau système sont assez appréciables pour qu'il ne soit pas permis de le condamner par cela seul qu'il a un côté faible. — Pour mon compte, sans avoir la prétention d'indiquer un moyen de dissiper sur ce point toute inquiétude, je formulerais volontiers deux règles d'application pratique, qui me paraissent de nature à rassurer les plus méfiants.

a). — C'est, d'une part, qu'il semble nécessaire de ne pas combiner, avec l'indulgence d'une décision de sursis, celle d'une peine dérisoire. Que les juges, désormais, en usant de leur pouvoir nouveau, ne se laissent plus entraîner à abaisser la répression au dessous de ce qu'exige l'intérêt social. De la sorte, la condamnation quoique conditionnelle, aura un certain caractère d'exemplarité.

b). — C'est, d'autre part, qu'il convient de ne pas pro-

---

probité et de bonne conduite, et récompense tout en châtiant, est plus propre à exercer une salutaire influence sur la conscience publique qu'une sévérité inopportune (Bull. 1890, séance de juin).

1. Un jurisconsulte disait plaisamment au congrès de Saint-Pétersbourg qu'il voyait là *l'ombre d'une peine appliquée par l'ombre d'un Tribunal à l'ombre d'un délinquant.* Il est à craindre que le public ne soit tenté de plaisanter aussi.

diguer cette faveur, mais tout au contraire, de la considérer comme une mesure que justifient seulement certaines situations exceptionnelles (1).

82. — *Conclusion*. — En restreignant de la sorte son domaine, on évitera peut-être bien tout danger. Mais alors, je me demande si, avec un rôle ainsi réduit, la nouvelle institution pourra exercer une influence sérieuse sur la récidive. Qu'elle sauve quelques délinquants dont la prison aurait fait des récidivistes, c'est certain. Qu'elle suffise à résoudre le problème, il n'y faut pas penser. Ce serait une illusion que de chercher ailleurs que dans la réforme des prisons le vrai remède au mal social dont nous nous sommes occupés. D'autres réformes sur des points spéciaux de la législation peuvent être utiles. Quant au système de la condamnation conditionnelle, dont le succès dépend d'ailleurs presque entièrement de l'usage qu'en sauront faire les tribunaux, on ne doit pas lui demander plus qu'il ne peut donner.

§ 4. — **Mesures diverses proposées dans le même but**.

83. — Si tout le monde est à peu près du même avis sur le danger de l'emprisonnement dans certaines circonstances, sur l'abus que fait de cette pénalité notre Code vieilli, et sur l'inutilité des courtes détentions, l'accord cesse quand il s'agit des mesures à prendre pour

---

1. Un éminent magistrat, M. Bernard, estime que l'innovation ne doit être admise que dans les cas où *la grâce immédiate pourrait intervenir sans de sérieux inconvénients*.

réformer cet état de chose. La condamnation conditionnelle est suspecte à de nombreux esprits. Quelle méthode
meilleure peut-on donc nous offrir?

Je me bornerai sur ce point à un très rapide aperçu ;
j'insisterai un peu plus sur une pénalité qui, nous l'avons
vu, a inspiré en partie la théorie de la suspension de la
peine, à laquelle on l'a souvent comparée, l'*admonition* (1).

I. — **Réforme de la peine pécuniaire** (2).

84. — La méfiance qu'inspire la prison devait avoir
pour conséquence logique de remettre en pleine faveur la
peine d'amende. C'est là un retour assez marqué à d'anciennes doctrines. « *A tout méfait, n'échet qu'amende* »,
disait Loysel. On propose à la fois de l'*améliorer* et
d'*étendre son domaine.*

85. — *a*). — Il faut d'abord la rendre plus *répressive,*
et pour cela, élever notablement son taux, c'est ce que
font les Codes les plus modernes (3) ; soit même la pro-

---

1. Je n'indique pas, parmi ces projets de réforme, celui de l'*indétermination des peines,* dont j'ai dit un mot plus haut. La
mesure a bien pour but, il est vrai, de combattre la récidive, mais
elle ne diminue pas le rôle de la prison, au contraire, et ne concerne pas spécialement les délinquants primaires.

2. V. Rapport de M. Boullaire. *Bull. soc. pris.*, 1893, p. 706.
Prins, *loc. cit.* (*Bull. soc. pris.*, 1888, p. 934 et 1889, p. 183), et
les discussions sur la loi Bérenger, à la Société Générale des Prisons.

3. L. C. pén. italien porte à 10.000 lire le maximum de la *multa*
ou *haute amende.* Le Code de Neufchâtel l'élève à 15.000 francs.
Le projet C. pén. fr. à 5.000 fr., maximum qui paraît insuffisant.
Le projet du C. pén. Suisse contient sur la réglementation de la

portionner à la fortune du délinquant. On doit chercher aussi à la rendre *efficace*, en assurant son recouvrement : dans ce but, on pourrait autoriser son paiement par fraction (1), ou bien la conversion en prestations en nature (2) ; soit enfin sanctionner le défaut de paiement par une sorte de *faillite civique*, qui priverait le condamné de ses droits civils et politiques.

86. — *b*). — Il y aurait lieu d'étendre son domaine (3), lorsqu'on l'aurait perfectionnée, ce qui pourrait se faire de diverses manières : par exemple, en ne laissant subsister que l'amende pour un grand nombre de délits punis actuellement de la peine pécuniaire et de la prison, ou de cette dernière seulement (4) ; — soit encore en substituant légalement l'amende à la prison, toutes les fois que cette dernière peine serait prononcée pour une courte durée, trois ou quatre mois.

87. — Parmi ces idées de réforme, il en est certainement de bonnes et de pratiques, à côté d'autres plus contestables. Sans doute, l'amende perfectionnée devrait occuper une place plus importante dans le système pénal

---

peine d'amende des dispositions intéressantes (V. Gautier. *La réforme pénale*, *l. c.*, p. 68).

1. V., sur ces dernières idées, réunions de l'Union intern. de Droit pénal à Halle et à Christiana (*Bull. soc. pris.* 1891, p. 1217, 1892, p. 230).

2. Cf. Code forestier, art. 210. L. du canton de Vaud, du 17 mars 1875, cf. loi du 25 mars 1873, art. 6.

3. M. B. de Marsangy disait : La peine privative de liberté ne devrait jamais être prononcée lorsque la peine pécuniaire suffit à la répression » (De l'am. de la loi criminelle).

4. Ou bien encore transformer en contraventions de police, certains faits qualifiés délits (infractions de chasse, de pêche, etc.).

qui paraît respecter davantage le patrimoine de l'individu que sa liberté. Mais dans ce cas même, la condamnation conditionnelle conserverait sa raison d'être.

II. — Systèmes divers.

88. — 1° *Travaux d'utilité publique.* — Au lieu de prononcer une courte peine de prison, les tribunaux devraient avoir la faculté d'ordonner que le condamné fournira un certain nombre de *journées de travail dans des chantiers ou établissements publics* (1). Cette idée paraît peu pratique, bien que très vantée par quelques-uns.

On oublie de dire en effet où et comment on organiserait ces chantiers et ces établissements, quelle serait la sanction en cas d'inaction? Il faudrait en revenir à la prison. Enfin une telle peine, qui rappelle d'ailleurs celle des travaux forcés, serait à la fois inégale et infamante : insignifiante pour les condamnés habitués aux travaux pénibles, elle frapperait durement les autres, et elle aurait l'inconvénient d'être en quelque sorte publique, faisant obstacle ainsi au reclassement.

89. — 2° *Exil local, arrêts à domicile.* — On a émis l'idée de punir certains délits d'un *exil local*, peine qui existe dans le Code pénal italien (*confino*, art. 18) (2), ou même, si l'infraction est légère, *des arrêts à domicile.* Je comprends encore le *confino* comme peine accessoire, mais

---

1. La proposition primitive de M. Bérenger s'occupait de cette question (art. 2). V. aussi projet Michaux, art. 4.
2. V. Lacointa, *Code pénal italien*, p. XLI et 18, à la note.

je ne crois pas qu'il soit possible de voir là un sérieux moyen de diminuer le rôle de la prison. Quant aux arrêts à domicile, ils offrent l'inconvénient d'exiger une surveillance spéciale, sous peine d'être illusoires. Dans les deux cas d'ailleurs, il faut punir de l'emprisonnement la transgression de l'obligation. C'est un cercle vicieux.

90. — 3° *Transaction*. — Certains Codes autorisent le délinquant, en matière de contravention de police, à *transiger* avant jugement (1), on évite ainsi la comparution en justice moyennant le paiement anticipé de tout ou partie de l'amende encourue. M. Prins (1) a proposé d'étendre ce système en matière correctionnelle, *au cas seulement de première infraction*, lorsque la peine du délit ne dépasserait pas un mois de prison. Cette idée, ingénieusement développée, ne paraît guère acceptable. On peut comprendre la transaction, ou *satisfaction volontaire*, en matière contraventionnelle, parce que la condamnation, le plus souvent certaine, n'a qu'un intérêt secondaire ; mais lorsqu'un délit est commis, l'ordre public est trop essentiellement intéressé, pour qu'il soit possible d'admettre un tel expédient.

---

1. Cette disposition, admise dans notre législation pour quelques matières spéciales, ne figure, sous cette forme absolue, que dans trois Codes, à notre connaissance : 1° Dans le *C. pénal italien*, qui l'appelle *oblazione volontaria* (art. 101). Le prévenu doit payer le maximum de l'amende édictée, outre les frais déjà faits ; il faut en, outre, que la peine pécuniaire ne dépasse pas 300 lire ; 2° Dans celui des *Pays-Bas*, art. 74. Le prévenu doit également payer le *maximum ;* 3° Dans le Code d'Instr. Crim. de la Principauté de Monaco, art. 388. Le contrevenant doit acquitter la *moitié du maximum.*

2. Prins, *loc. cit.*

III. — **Admonition** (1).

91. — *Historique.* — L'admonition, dont nous trouvons la trace dans le droit romain (2), fut adoptée par le droit canonique, moins comme peine que comme avertissement (3). Elle a joué un rôle important dans notre ancienne législation (4). Le Droit intermédiaire, par réaction peut-être contre l'abus des *lettres de pardon*, ne la conserva pas (5). Elle était peu compatible d'ailleurs avec le système général de cette législation, qui, en haine de

1. BIBLIOGRAPHIE. G. Crivellari, *Il codice pénale per il regno d'Itlia*, t. 2, p. 766 (cet ouvrage contient une importante bibliographie de la matière). Alimena Bernardino, *La riprensione gindiziale e la sospensione della pena* (*Rivista penale*, XXVII, p. 573, année 1888). Bonneville de Marsangy, *De l'admonition répressive* (*Amélioration de la loi criminelle*, 2ᵉ part., p. 212). Raoul Lajoye, *La loi du Pardon.* Lacointa, *Code pénal d'Italie*, p. 23 à la note, et s. *Bull. soc. pris.*, *année* 1888, *passim*, et année 1890, p. 891 (compte-rendu du congrès de Saint-Pétersbourg).

2. Dig. *De off. pref. vig.* (I, 15), l. 3. Le préfet peut substituer une *severa interlocutio* à la fustigation encourue par les auteurs d'incendie par imprudence.

3. V. les auteurs cités par Lacointa.

4. V. Garraud, I, p. 604. Merlin, Rep. Vᵒ. *Blâme.* Dalloz, Rep. Vᵒ. *Peine*, n. 13 et 75. Le blâme était une peine infamante, mais non l'admonition.

5. Le C. de 1891 admet cependant l'admonition dans un cas : le prévenu défaillant, pouvait nonobstant absolution être condamné à 8 jours de prison, à laquelle peine pouvait être substituée une admonition « *pour avoir douté de la justice et de la loyauté de ses concitoyens.* » Cela sent son époque. — Sur les lettres d'*abolition*, de *pardon* et de *rémission*, v. Esmein, *Cours élém. d'Histoire du droit français*, p. 424 et s.

l'arbitraire, resserra dans des limites si étroites le pouvoir du juge. Le Code pénal ne la rétablit pas. Ce n'est que comme *peine disciplinaire* (1) que nous la retrouvons dans quelques lois spéciales. Elle figure dans plusieurs codes contemporains. A la suite de M. Bonneville de Marsangy, qui l'a remise en lumière, l'attention des criminalistes s'est souvent reportée sur cette antique pénalité, et plusieurs en regrettent la disparition (2).

92. — *Définition*. — L'admonition *répressive* (il ne faut pas la confondre en effet avec une mesure de police simplement *préventive* qui porte, en Italie, le même nom), consiste dans un *avertissement* ou *blâme*, donné publiquement par le tribunal au prévenu reconnu coupable de délits légers, dans des conditions qui varient suivant les législations. C'est une *peine* véritable, mais d'ordre purement moral.

93. — *Législation* (3). — Divers systêmes se partagent les législations qui l'ont admise. Les uns la réservent aux jeunes délinquants ; les autres l'emploient à l'égard de tous, mais tantôt comme peine principale, tantôt comme peine accessoire. De toute manière, elle ne se conçoit

---

1. V. par exemple, Liouville et Mollot, *Abrégé des règles de la profession d'avocat*, p. 62. Cf. C. Instr. cr., art. 280 (*avertissement* aux officiers de police judiciaire).

2 M. Garraud déclare s'associer volontiers « à une réforme qui par un heureux retour à la législation de nos pères la rétablirait dans nos Codes » (I. n. 270). Ortolan, au contraire, se montre peu favorable à ce *diminutif des peines par humiliation*, comme l'étaient le carcan, le pilori (*Él. de Droit pénal*, II, n. 1388).

3. Le rapport de M. Zanardelli sur le C. pén. italien entre dans de grands détails sur ce point.

guère qu'appliquée aux délinquants primaires, et en cas d'infractions minimes.

a). — Elle a le premier caractère dans le *Code pénal de l'Allemagne du Nord* (art. 57), dans ceux des cantons d'*Appenzell, de Neufchâtel, de Bâle*.

b). — Elle a le second dans les Codes *Espagnol,* — qui distingue la réprimande *publique* ét la réprimande *privée* — *Portugais, Russe, Vaudois* (art. 13.), *Maltais*. Je ne puis entrer ici dans les détails multiples de leurs dispositions.

c). — En *Italie*, l'admonition existait dans plusieurs de ses anciens Codes (1). Elle a été conservée dans le Code de 1889 qui a unifié sa législation pénale, sous le nom de *riprensione giudiziale*. En la qualifiant de *réprimande*, le législateur a voulu éviter toute confusion avec l'*admonition préventive* (2) qui est l'objet d'une défaveur méritée. Réglementée avec beaucoup de soin (art. 26 et 27) (3), la *réprimande judiciaire* présente dans le Code italien le caractère particulier de pouvoir être *substituée* (4), facultativement à certaines peines légères que le juge doit

---

1. Dans le C. Toscan, auquel a été emprunté le nom de *riprensione giudiziale*. Dans l'ancien C. des Deux-Siciles, dans lé C. Sarde de 1839, et dans celui de 1859.

2. L. de sûreté publique du 20 mars 1765, art. 105 à 109.

3. Cf. en outre, art. 29, et Décret royal du 1er déc. 1889, art. 8 et 9.

4. C'est, dit Crivellari, « *un sostitutivo, un surrogato delle pene afflitive e pecuniaire* » (*Loc. cit.,* I, n. 711). Elle peut être substituée, lorsque la peine édictée n'excède pas *un mois* de détention ou d'arrêt, *trois mois* de confinement, ou 300 *lires* de *multa* (amende correctionnelle) ou d'*amenda* (amende contraventionnelle). Il doit y avoir, en outre, admission de circonstances atténuantes.

d'abord prononcer. Elle est réservée aux délinquants *n'ayant jamais été condamnés pour délit, ou à plus d'un mois d'arrêt pour contravention.* Elle se combine avec *la caution.* Le condamné doit s'obliger personnellement, — au besoin avec le concours de cautions agréées par le juge— a payer une somme déterminée, à *titre d'amende,* au cas, où dans le délai fixé par la sentence (et qui ne peut dépasser *deux ans* quant aux délits et *un an* quant aux contraventions) il commettrait une nouvelle infraction, — sans préjudice de la peine due à celle-ci.

Cette institution a donc une portée très générale, et joue, on le voit, le même rôle que notre système de la suspension de la peine. Il y a, au fond, *condamnation conditionnelle à une peine pécuniaire,* par suite de l'engagement imposé au condamné, et qui, pour le dire en passant, a le tort de rendre cette faveur inaccessible aux délinquants peu fortunés.

94. — *Critique.* — L'admonition ou réprimande a été maintes fois comparée et opposée à la condamnation conditionnelle dans les discussions aux Parlements, aux Congrès (1), ou entre criminalistes. Beaucoup la considèrent comme pouvant rendre les mêmes services, sans présenter aucun des inconvénients de l'autre système.

On peut cependant adresser à l'admonition à peu près les mêmes objections théoriques ou pratiques qu'à l'institution rivale, et d'autres encore. Ainsi, elle est *très inégale,* suivant le caractère des délinquants. C'est ce qui

---

1. Notamment au congrès de Saint-Pétersbourg.

faisait dire au professeur V. Listz : « *Pour l'homme d'honneur, l'admonition est un pardon avec humiliation pour le pardonné; pour celui qui ne l'est pas, c'est le pardon avec humiliation pour la justice* » (1). De plus, elle est moins *répressive* et *moins efficace* (2), puisqu'elle désarme immédiatement la société contre un coupable qui a pu surprendre la bienveillance de ses juges par l'expression d'un repentir hypocrite ; et que, d'autre part, elle n'oblige le condamné à aucun effort sur lui-même : il a obtenu sans condition tout ce qu'il pouvait espérer, et n'a rien à gagner par sa bonne conduite (3). — Il faut dire cependant que l'admonition italienne évite en partie ces derniers griefs.

Mais, en sens inverse, on remarque qu'elle remplit mieux le but cherché, en ne laissant pas de traces (4) sensibles qui puissent nuire au reclassement. On ajoute qu'elle est naturellement resserrée dans un domaine très limité d'infractions peu importantes, et n'a pas la généralité et l'ampleur inquiétantes de la condamnation con-

---

1. Compte-rendu du Congrès précité (*Bull. soc. pris.*, janvier 1891). On peut lire sur ce sujet l'anecdote piquante contée par M. James Nathan (*Bull. soc. priv.*, 1890, p. 619).

2. Son efficacité à l'égard des jeunes délinquants est particulièrement douteuse. Lombroso estime de son côté qu'elle n'est pas appropriée au tempérament méridional qui veut pour frein un *mal sensible* (*Troppo presto. Appuntial novo Cod. ital.*, p. 14).

3. *Pardon gagné par une longue bonne conduite, d'un côté ; de l'autre, pardon accordé sans condition et à l'aveugle,* telle est, dit M. Bérenger, la différence des deux systèmes (*Bull. soc. pris.*, 1890).

4. La cond. conditionnelle donnerait le même résultat, si elle n'était pas portée au Bull., n. 2 (V. *infra*).

ditionnelle. Aux yeux d'un grand nombre, c'est cela même qui doit la faire préférer.

95. — Je crois, pour ma part, qu'il est sans intérêt de discuter longuement sur les défauts ou les mérites respectifs des deux systèmes, par la raison précisément que leur champ d'application n'étant pas le même, ils peuvent fort bien coexister dans un même système pénal (1). L'admonition, peine peu sensible, serait réservée aux délits les plus légers, pour la répression desquels la suspension pendant cinq années pourrait être quelquefois excessive. On appliquerait, au contraire, la condamnation conditionnelle aux coupables de délits plus graves, puisqu'elle permet de les éprouver, avant de leur concéder le pardon définitif. La menace serait d'ailleurs d'autant plus efficace que la suspension ne porterait ainsi que sur des peines d'une durée convenable. Cette combinaison donnerait au système répressif une nouvelle souplesse.

Quant à l'admonition seule, son rôle me paraît trop restreint, — car il l'est plus encore que celui de la condamnation avec sursis, — pour qu'il soit possible de la considérer comme devant suppléer aux courtes peines d'emprisonnement.

IV. — Pardon.

96. — Ce système ne diffère guère du précédent que dans la forme : au lieu de condamner le prévenu à une

---

1. C'est à cette conclusion qu'arrive Alimena (*loc. cit.*): le *pardon*, pour certains délinquants plus malheureux que coupables ; le *pardon et la menace*, pour d'autres ; pour d'autres enfin, la *peine immédiate*.

peine morale, le tribunal lui accorderait son *pardon pur et simple*, et le renverrait sans même l'admonester. Cette différence de forme a cependant quelque importance, au moins en théorie : donner aux juges le droit de *pardonner* ainsi, c'est leur conférer réellement le pouvoir souverain de faire grâce. D'autre part, il est choquant d'autoriser les tribunaux à absoudre le coupable au moment même où ils viennent de le déclarer coupable.

97. — Le *Projet de révision du Code pénal* admet le pardon (1), concurremment avec la condamnation conditionnelle. Il est assez difficile de comprendre pourquoi la Commission a préféré ce système peu rationnel à celui de l'admonition qui, du moins, se concilie sans peine avec les principes généraux du droit.

98. — Citons à titre de curiosité, en terminant sur ce point, la disposition d'une loi danoise (2), qui permet aux

---

1. Art. 66. « Dans tous les cas où, soit en vertu des dispositions de la loi pénale, soit par suite de la déclaration de circonstances atténuantes, le juge serait autorisé à n'appliquer qu'une amende, il pourra, si le prévenu n'a pas encore été condamné pour crime ou délit, ne pas prononcer de condamnation. Il avertira le prévenu qu'en cas de nouvelle infraction, il ne devra plus compter sur l'*immunité pénale*. Le prévenu absous sera condamné aux dépens et s'il y a lieu, à tous dommages-intérêts au profit de la partie civile. »

Le *Pardon* figurait également dans la proposition *Michaux*, écartée par la commission sénatoriale de la loi Bérenger. Le « *Digest of criminel law* », de sir J. Stephen, qui servira peut-être de base à un Code pénal anglais, contient une disposition assez originale, qu'on peut rapprocher du Pardon : « ne sera pas considéré comme délit l'acte que la Cour saisie jugera trop peu important pour être traité comme tel... »

2. Loi du 24 mai 1879. *Ann. de Lég. étrang.*, 1880, p. 661.

juges, lorsqu'il s'agit de délits commis par des enfants de moins de quinze ans, de *pardonner* en se bornant à donner acte aux parents de l'engagement qu'ils prennent d'infliger au coupable un châtiment corporel à domicile, au besoin sous les yeux d'un agent désigné à cet effet.

CHAPITRE III

99. — Après l'étude du principe et des questions accessoires qui s'y rattachent, il nous faut pénétrer plus avant dans le détail, et examiner ici, toujours à un point de vue théorique, les dispositions secondaires, qui sont susceptibles en législation de solutions très diverses. J'adopterai naturellement comme base de cet examen, celles qu'a admises la loi française.

§ 1. — Domaine de la condamnation conditionnelle.

100. — La condamnation conditionnelle doit avoir un domaine relativement restreint. On peut le limiter sous le rapport des *infractions*, sous le rapport des *délinquants* et sous le rapport des *peines*.

I. — Infractions.

101. — La loi française, d'accord avec ses devancières (1), ne limite pas à ce premier point de vue le

---

1. Je rappelle que le Code de Neufchâtel n'admet la condamnation conditionnelle qu'en matière *de vol, d'escroquerie, ou d'abus de confiance*. Le projet du C. pén. Suisse exige que le délinquant n'ait pas *été poussé par des mobiles bas*, formule assez vague, qui, comme l'observe Gautier, fournira aux Tribunaux récalci-

domaine du nouveau système, solution qui paraît d'ailleurs logique. Il s'agit de préserver de la peine le délinquant dont on espère le relèvement : la nature de l'infraction n'a à cet égard qu'une importance relative, et c'est en fait qu'il convient d'apprécier si, par sa gravité même ou par son mode d'exécution, elle indique chez son auteur une perversité déjà complète. Il eût été au surplus assez périlleux d'entrer dans la voie des exclusions et des énumérations : de semblables listes risquent fort d'être incomplètes ou peu logiques (1).

II. — Délinquants.

102. — Quant aux délinquants, il est admis sans difficulté par tout le monde, qu'une telle faveur ne se justifie qu'appliquée aux *délinquants primaires* (2). Le but même de l'institution est de créer en faveur de ceux-ci un traitement particulier. Mais on peut entendre l'expression *délinquant primaire*, dans un sens plus ou moins étroit. Doit-on reconnaître comme tels ceux seulement qui n'ont encouru aucune condamnation quelconque ? Une pareille exigence serait excessive : elle priverait du

trants, le facile prétexte d'un refus systématique du sursis (*La réforme pénale*, p. 103).

1. C'est à une difficulté de cette nature que s'est heurtée la Commission du Casier judiciaire quand elle a voulu dresser la liste des délits à inscrire ou à ne pas inscrire au bulletin n° 3. M. de l'Angle-Beaumanoir avait déposé un amendement tendant à refuser le bénéfice de la loi nouvelle aux condamnés pour *attentats aux mœurs*, en raison du caractère particulièrement odieux de ces délits. Le Sénat a refusé avec raison d'entrer dans cette voie : il n'y avait plus de raison pour s'arrêter.

2. V. en sens contraire, *loi de Massassuchets*, et *prop. Reybert*, *supra*.

sursis des individus dont une condamnation précédente,
— par exemple en simple police, ou à l'amende pour
infraction spéciale (1), n'implique en aucune façon l'immoralité. Je crois donc que la loi française, en admettant
au rang de délinquants primaires, ceux qui, déjà condamnés, ne l'ont été que pour des faits relativement sans
importance, a été mieux inspirée que la loi belge et le
projet de révision du Codé français, trop absolus dans
leur formule.

103. — Le législateur doit-il pousser plus loin la pré-
voyance, et exiger que les délinquants primaires ou assimilés remplissent certaines conditions spéciales ? Le
champ est ici ouvert aux systèmes les plus variés. Les
uns voudraient réserver la peine aux *délinquants mineurs ;*
d'autres, aux seuls condamnés justifiant *d'un domicile
fixe ;* d'autres exigent que le coupable ait fait *des aveux.*
La loi française a rejeté toute restriction de cette nature ;
et, je le crois, avec raison (2).

Pourquoi, d'abord, réserverait-on la faveur du sursis
aux mineurs ? Si un homme mûr, au cours d'une existence honnête, se laisse entraîner à commettre un délit,
n'est-il pas bien important de le préserver d'une rechute ?

---

1. V. *supra* la disposition fort sage à cet égard, de la loi de
Genève (n° 41).

2. La proposition originaire disposait que la suspension serait
applicable si *la conduite antérieure, la situation morale et les
marques de repentir du condamné offraient des garanties suffisantes.* La Commission a jugé inutile de maintenir ces expressions,
estimant que cette énumération, incomplète, pourrait être enten-
due dans un sens restrictif, et qu'il n'y avait pas à craindre que
les juges se méprissent sur le caractère des garanties à exiger
(Cf. *Avant-projet Suisse*, Gautier, *l. c.*, p. 102).

N a-t-il pas droit à l'indulgence comme un délinquant plus jeune ? En ce qui concerne *l'aveu*, il est certain qu'en pratique les tribunaux ne devront pas croire aisément au repentir d'un individu qui refuse de faire l'aveu d'un délit constant : mais à quoi bon formuler un principe inutile, et qui peut, dans certaines circonstances, entraver la bonne administration de la justice (1)? J'en dirai autant du *domicile* (2) : en fait, on concevrait mal une condamnation conditionnelle dans le cas où le prévenu ne peut justifier d'un domicile : la circonstance qu'il est domicilié et qu'il a des attaches fixes dans un lieu déterminé (3) est de nature à inspirer confiance et à faire présumer que le coupable saura profiter de la faveur de la loi. Mais, ici encore, il paraît préférable de s'en rapporter à la prudence des juges, et de ne pas créer des exclusions *a priori*.

104. — Je ne saurais entrer ici dans les considérations de fait qui pourraient, en général, déterminer les

---

1. On ne doit pas faire porter au coupable la peine d'une défense malavisée, et les dénégations n'excluent pas nécessairement le remords (cf. Nègre et Gary, p. 69).

2. La Société des Prisons avait émis l'avis qu'il fallait exiger cette condition.

3. Dans la *France Criminelle*, H. Joly a mis en relief la grande influence des *déplacements* sur la criminalité. Il est amené à formuler la loi suivante : sur 100.000 Français n'ayant pas quitté leur lieu de naissance, 8 sont traduits en Cour d'Assises; sur 100.000 individus domiciliés dans d'autres départements que celui où ils sont nés, il y en a *29;* sur 100.000 étrangers résidant en France, il y en a *41*. La statistique de 1888 établit, dans le même ordre d'idées, que la criminalité des étrangers, par rapport à leur nombre, est *cinq fois* plus forte que celle des individus nés en France.

juges à accorder ou à refuser le bénéfice du sursis. Ils
devront s'inspirer des mille circonstances qui permettent
de supposer chez le coupable un réel repentir et un désir
sincère de revenir au bien ; il n'est pas possible de formuler à cet égard, *a priori*, aucune règle d'application
pratique. J'observerai cependant qu'en principe la
faveur nouvelle semble devoir être refusée aux délinquants qui ont agi avec calcul et préméditation, par
exemple aux escrocs, aux faussaires : on peut craindre,
dans ces cas, que le prévenu n'ait escompté cette chance
d'impunité, et il serait dérisoire que la faveur de la loi
vint récompenser des malfaiteurs aussi peu dignes d'intérêt. Semblable danger n'est pas à redouter, si le
délinquant a agi, soit par faiblesse, soit dans l'emporte-
ment de la passion. C'est à ceux-là surtout que convient
la désignation de *délinquants d'occasion;* c'est à eux que
le législateur semble avoir principalement songé.

III. — **Peines.**

105. — La peine susceptible de suspension ne doit pas
dépasser un certain degré de gravité. C'est là un principe qui n'est point contesté. Aussi, les peines criminelles
doivent-elles nécessairement rester en dehors de la théorie nouvelle. Une double question se pose ici : 1° Faut-il
autoriser le sursis, pour les peines d'*emprisonnement*, sans
aucune limitation ? 2° Faut-il l'autoriser, pour les *peines
pécuniaires ?*

106. — A. — *Emprisonnement.* — La loi française ne
fixe aucune limitation : la suspension peut être ordonnée

pour les peines les plus longues. Il faut reconnaître qu'une telle ampleur donnée au système est de nature à effrayer au premier abord : la plupart des législations sont plus réservées et limitent plus ou moins la durée de l'emprisonnement susceptible de sursis (1). On peut dire qu'il y a contradiction entre l'indulgence d'une telle décision et la gravité de la peine. Lorsque les juges, si disposés à l'indulgence envers le délinquant sans antécédents judiciaires, ont cru devoir prononcer une peine de deux, trois ou cinq ans de prison, c'est qu'ils y ont été contraints par le caractère exceptionnellement grave du délit ou la nécessité de l'exemple. En outre, la sécurité sociale n'exige-t-elle pas, en dehors de toute autre considération, qu'un coupable jugé digne d'un châtiment très grave, ne soit pas rendu immédiatement à la liberté? Enfin, une telle extension du principe de la suspension n'est-elle pas de nature à alarmer l'opinion publique et à fortifier les objections contre la nouvelle théorie ?

107. Ces considérations sont assurément sérieuses. Le système de la limitation n'eût pas été cependant sans inconvénients. D'abord, sur quelle base rationnelle s'appuyer pour établir une limite? A quel chiffre commence

---

1. Loi belge, *six mois;* Loi anglaise, *deux ans*, Projet suisse, *six mois;* Projet français, *trois mois;* Projet italien, *six mois*, si le condamné est du sexe masculin : un an, s'il s'agit d'une femme ou d'un mineur. La loi de Genève comme la loi Bérenger ne fixe pas de limite. La Société Générale des Prisons avait paru absolument effrayée de l'absence de limitation : la section de Législation avait proposé la limite *d'un mois* (V. Bull, 1890, *passim*). Il est à remarquer que cette question n'a soulevé aucune opposition lors de la discussion de la loi Bérenger (V. Rapp. Bérenger. p. 13. Disc. du même, 23 mai 1890, et rapp. Barthou).

le péril social, à quel taux se fait sentir plus particulièrement la nécessité de l'exemple? Il est bien difficile de
le déterminer *a priori*. Tout dépend des circonstances, et
peut-être valait-il mieux s'en rapporter, sur ce point
encore, à la prudence des juges. D'ailleurs, il eût été toujours possible aux tribunaux d'échapper à la restriction,
en abaissant la peine jusqu'au taux où la suspension est
autorisée. Là était le danger : exposés à perdre de vue la
gravité de l'infraction pour n'envisager que l'intérêt du
coupable, placés entre leurs sentiments d'humanité et les
bornes de leur pouvoir, ils auraient fait indirectement ce
que la loi ne permettait pas de faire directement (1). Le
frein eût donc été plus apparent que réel ; et on aurait
couru le risque plus grand de voir énerver la répression.

108. — *La condamnation conditionnelle et le Jury.* —
Un motif tout particulier a été mis en avant dans la discussion de la loi française pour justifier le système adopté. L'opinion s'est souvent émue des acquittements scandaleux dont les jurés se montrent si prodigues, quand

---

1. En imposant aux juges des règles inflexibles d'où ils ne
peuvent sortir que par un abaissement de la peine, on risque en
effet d'obtenir un résultat opposé à celui qu'on attend. C'est ce
qui est arrivé dans l'application de la loi sur la rélégation. Pour
ne pas prononcer cette peine obligatoire dans les conditions déterminées par la loi, les juges sont amenés à prononcer des peines
inférieures à 3 mois, la relégation n'étant attachée qu'à des peines
supérieures. On a observé que depuis 1885, les peines inférieures à
3 mois s'étaient multipliées : de 1885 à 1888, l'augmentation est
de 5 pour 100. C'est là un résultat inattendu, qu'aurait également
·produit la loi de 1891, si la suspension n'avait été autorisée qu'au-
dessous d'un maximum (V. rapp. sur l'app. de la loi de 1885,
Bull. minist. just., 1891, p. 355. Cf. Garraud, II, n. 203).

il s'agit surtout de ces drames du vitriol et du révolver qualifiés de *crimes passionnels* (1). On a pensé que le Jury accepterait volontiers une solution intermédiaire, qui ne serait pas l'acquittement, mais ne serait pas non plus la peine immédiate, dont s'effraye sa sensibilité. Pour rendre la mesure nouvelle possible devant les Cours d'assises, il fallait bien ne pas la restreindre aux peines de trop courte durée. Pour ma part, tout en admettant volontiers qu'une condamnation conditionnelle serait préférable, en pareilles hypothèses, à ce pardon octroyé sans droit, au mépris de la loi et de la conscience publique, je doute un peu de l'efficacité de la mesure. Les jurés, notons-le bien, ne sont pas appelés à délibérer sur la suspension de la peine; ils n'ont pas le moyen de faire connaître légalement leur désir à cet égard. Ils devront donc recourir à ces compromis hors l'audience, aussi contraires à la loi qu'à la dignité de la justice? L'expédient me paraît périlleux.

109. — *Application pratique.* — On a dit quelquefois que le bon fonctionnement du système comportait une *peine renforcée* : la menace sera d'autant plus efficace que la peine suspendue apparaîtra plus terrible (2). Présentée sous cette forme, l'idée est inexacte. Je suis bien

---

1. V. Disc. Bérenger, Sénat, 23 mai 1890. *J. off.*, 24 mai, p. 491. C'est dans le même but que M. Bozérian avait déposé une proposition tendant à l'admission de *circonstances très atténuantes* (V. Garraud, II, p. 249, à la note et p. 250).

2. On a émis l'idée, à la Société des Prisons, de n'autoriser la suspension que pour les peines supérieures à *six mois* (Bull. 1890). C'est, disait-on, parce qu'on supprime les courtes peines qu'on autorise les suspensions, et de la sorte, il n'y a pas énerve-

d'avis, et je l'ai déjà indiqué, que l'usage de leur nouveau pouvoir doit avoir pour résultat d'imposer aux juges plus de fermeté dans l'application de la peine ; il dépend du coupable de ne la pas subir : et on ne comprendrait plus pourquoi les tribunaux laisseraient fléchir la répression au-dessous de la mesure que paraissent exiger les faits. Il y a là un moyen pratique d'éviter les trop courtes peines, et nous savons que c'est l'un des buts poursuivis. Mais il serait contraire à la justice et à la notion même de la peine de ne plus tenir compte du rapport qui doit exister entre le délit et le châtiment, sous prétexte que celui-ci est conditionnel.

110. — B. — *Amende.* — La loi française autorise la suspension des peines pécuniaires (1). Il est assez diffi-

---

ment de la répression, mais substitution d'une peine plus forte à la courte peine. M. Garofalo a exprimé la même opinion au Congrès de Saint-Pétersbourg. Il ne faut pas, d'autre part, oublier que le sursis accordé aux peines très fortes (par exemple aux peines excédant *une année*) justifierait, en général, les objections faites ci-dessus. M. Bérenger a dit formellement que les tribunaux devraient user fort rarement de leur pouvoir, si la peine dépassait six mois (Disc. du 23 mai 1890).

1. Seule, la loi de Genève en décide de même (art. 1er). En Belgique, malgré le texte contraire de la loi, la jurisprudence applique la suspension aux amendes (V. pour *l'explication de ce système*, Locard, p. 41 et s.). La proposition de M. Bérenger n'autorisait le sursis que pour les peines de prison. Malgré une très vive opposition et après des vicissitudes diverses, l'amendement de M. Trarieux, qui étendait le sursis à l'amende, a fini par triompher (V. disc. de M. Trarieux et de M. Bérenger, aux séances du Sénat du 3, du 9 et du 10 juin 1890). Les partisans du système qui a prévalu objectaient qu'il était peu rationnel de faire un sort meilleur aux condamnés à la prison qu'aux condamnés à une sim-

cile de justifier cette extension de la pensée qui avait inspiré l'innovation. Par sa nature, la peine d'amende ne saurait produire aucun des effets fâcheux qu'entraîne avec elle la peine de prison imprudemment appliquée et mal exécutée. Non-seulement l'exécution de la peine pécuniaire ne peut pas décourager ni dépraver le condamné, mais on peut dire qu'elle n'entache même pas sérieusement son honneur au sens mondain du mot. En tout cas, c'est la condamnation qui flétrit et non l'exécution. La suspension n'a donc pas de raison d'être en semblable matière; c'était là un motif suffisant pour ne pas l'admettre. Elle présente d'ailleurs certains inconvénients assez sérieux : d'une part la peine d'amende suspendue est à peu près dénuée d'effet comminatoire ; une telle solution a donc quelque chose de dérisoire, puisqu'il n'y a pas compensation entre la faveur du sursis et la menace, insignifiante dans ce cas. D'autre part, le domaine de la condamnation conditionnelle se trouve aggrandi dans des proportions fâcheuses : il existe de nombreuses lois spéciales, étrangères à la question de la récidive, dans lesquelles l'amende est la seule peine édictée. L'application de la nouvelle théorie peut n'être pas sans inconvénient en pareilles matières (1).

---

ple amende. C'était perdre de vue la question : le sursis se justifie par l'intérêt social ; si celui-ci n'est pas en cause, à quoi bon une mesure qui n'est plus qu'une pure faveur ? D'ailleurs, l'inégalité, plus apparente que réelle, entre les deux catégories de condamnés, pouvait être corrigée, en accordant aux condamnés à l'amende le bénéfice de la réhabilitation légale, dans les mêmes conditions qu'aux autres.

1. On a ajouté, que la suspension de l'amende lésait les intérêts du Trésor, et on s'est élevé contre cette tendance d'introduire

111. — En pratique, il semble que les tribunaux devront n'user que fort rarement du sursis lorsqu'ils prononceront une simple peine pécuniaire, surtout si celle-ci est légère : une suspension de cinq ans, alors qu'il s'agit d'une amende de seize francs, équivaudrait à la suppression de la peine. Il est de la dignité de la justice de ne pas rendre de décisions ayant un caractère dérisoire.

§ 2. — **Des peines accessoires et incapacités.**

112. — Comment doit se régler, avec la condamnation conditionnelle, le sort des *peines accessoires* et *des incapacités* prononcées par jugement, ou attachées par la loi elle-même à la peine principale ? On peut concevoir, en législation, trois combinaisons possibles à ce sujet : ou bien, elles seraient comprises dans la suspension ; ou bien, au contraire, elles produiraient leurs effets ordinaires tant que la condamnation n'est pas résolue ; ou bien encore, on pourrait laisser au juge la faculté de les suspendre ou non (1).

---

dans les lois générales des dispositions ayant une répercussion fiscale (V. le disc. de M. Boulanger, (9 juin 1890, Sénat). L'objection a une certaine valeur pratique. On peut espérer cependant que la perte pour le Trésor sera compensée par l'économie résultant de la non-exécution des peines de prison purgées par le bénéfice de la loi.

1. Ces trois systèmes ont été successivement défendus dans la discussion de la loi de 1891. La commission sénatoriale avait d'abord admis le système transactionnel, sous des formes diverses. Le Sénat, sur l'amendement de M. Demôle se rangea au contraire, au système de la *non-suspension;* la commission de la Chambre adopta celui de la *suspension,* qui fut soutenu dans le

La loi française consacre, — avec raison selon moi, — le second système. La loi belge ne se prononce pas : la pratique a admis que les peines accessoires seraient sus-pendues (1).

113. — Le système transactionnel tendant à laisser aux tribunaux le soin de régler la question, paraît d'abord assez séduisant, et conforme à la tendance géné-rale de la loi. Le juge n'est-il pas mieux placé que le législateur pour apprécier, dans chaque espèce, l'oppor-tunité de la mesure ? Cette combinaison se heurte cepen-dant à de graves objections.

D'une part, parmi ces peines accessoires (ou complé-mentaires), les unes sont *facultatives :* le juge peut alors ne pas les prononcer, et il n'est pas besoin de penser à la suspension dans ce cas ; les autres sont *obligatoires*, c'est-à-dire soustraites à l'appréciation des tribunaux. Il en est ainsi notamment des incapacités électorales (2). Dans ce cas, c'est la loi elle-même qui attache la peine accessoire à la condamnation ; et il serait peu rationnel de concéder au juge le pouvoir d'en décider autrement. Il y aurait même à cela un certain danger : il dépendrait, en effet, des tribunaux de faire ou de supprimer des

---

rapport de M. Barthou. Mais plus tard, la commission revint sur cette première opinion, et se rallia au texte voté par le Sénat, et qui a passé dans la loi.

1. La loi genevoise (art. 2) décide expressément que les peines accessoires suivront le sort de la peine principale, sauf excep-tion.

2. C'est ce point de vue qui a préoccupé principalement l'au-teur de l'amendement passé dans la loi.

électeurs, résultat assez choquant en soi, et qui prêterait
parfois à des interprétations fâcheuses.

D'autre part, ces peines accessoires ou complémentaires sont fort nombreuses, variées, disséminées dans
une foule de lois speciales. Il serait donc très difficile au
juge de statuer en pleine connaissance de cause, et de se
rendre compte, en accordant ou refusant la suspension
sur ce point, de la portée de sa décision, de ses avantages
ou de ses inconvénients. Il statuerait un peu à l'aveugle,
et pourrait commettre des erreurs regrettables. Il s'en-
suivrait d'ailleurs une grande variété dans les jurisprudences. On ne saurait jamais au juste quelle est la situation du condamné conditionnel au point de vue de ses
droits civils ou politiques.

114. — Si on écarte ce système de conciliation, il faut,
ce me semble, entre les deux autres, donner la préférence à celui de la loi française : *non-suspension pendant
l'épreuve des peines accessoires et des incapacités.*

Il paraît en effet, quoiqu'on ait dit, plus conforme aux
vrais principes : ces peines accessoires ne sont pas attachées à l'*exécution* de la peine, mais à la condamnation,
c'est-à-dire à l'état d'indignité du coupable (1). Or, la
condamnation, affectée d'une condition résolutoire, existe
et doit produire immédiatement tous ses effets, sauf l'exécution, qui est subordonnée à une condition suspensive.

---

1. C'est ainsi que la prescription de la peine, ou la grâce sont
sans effet sur les peines accessoires (Garraud, II, 91. Dalloz, Rep.
V° *Grâce*, n. 47 et Supp. *eod.* V° n. 44). On a bien invoqué, en ce
qui touche la grâce, une jurisprudence contraire, dans le cas où
elle intervient avant toute exécution. Mais ce n'est point ici le
lieu de discuter cette question

Il faut remarquer en outre que le but de la loi n'exige nullement que la suspension s'étende au-delà de la peine principale. A quoi bon dès lors pousser l'indulgence plus loin qu'il n'est nécessaire? En définitive, si intéressant que soit le condamné conditionnel, c'est un coupable. On l'admet à prouver son repentir, on le considère comme un *honnête homme stagiaire*, soit; mais il est bon d'attendre pour l'inscrire au tableau des honnêtes gens, qu'il ait prouvé son amendement. S'il souffre de cet état de chose, ce ne sera qu'une juste répression, très réduite, et un nouveau stimulant pour arriver au terme de l'épreuve dans les conditions requises. La réhabilitation légale effacera alors ces peines accessoires et ces incapacités.

115. — On objecte, il est vrai (1), qu'en laissant le condamné sous le coup de ces déchéances, on entrave son relèvement, on le désigne à la malveillance publique, on brise le *ressort moral* sur lequel s'appuye la loi tout entière. Je crois que c'est exagérer beaucoup l'effet des peines accessoires, bien moins redoutables que le casier judiciaire, dont nous parlerons plus loin (2). La plupart, purement négatives (3), ne sont pas de nature à divulguer la condamnation, si celle-ci n'est pas déjà connue; qui donc s'inquiète de savoir si son voisin exerce ou non

---

1. V. les discours de MM. Humbert et Lenoël au Sénat (Séance du 3 juin 1890), et le rapp. Barthou. Ce dernier exagère quelque peu en montrant le condamné conditionnel *aigri jusqu'au désespoir*, parce qu'il est sous le coup de ces déchéances.

2. Aussi n'était-il pas très logique de suspendre les peines accessoires, et non l'inscription au casier.

3. V. plus loin n° 197, mes observations sur *l'interdiction de séjour*.

ses droits électoraux, ou jouit de la faculté de prendre un permis de chasse? Il peut y avoir là une certaine souffrance pour le condamné, mais non pas, en général, un obstacle bien sérieux à son reclassement.

116. — En pratique, et ce point de vue me touche particulièrement, on ne peut méconnaître qu'il y aurait les plus graves inconvénients à laisser à un condamné de droit commun, même digne d'indulgence, le libre exercice et la jouissance de tous ses droits. Comment admettre qu'il soit mieux traité qu'un failli, et puisse être électeur, éligible, et, mieux encore, membre du jury criminel? Une telle situation constituerait, parfois, un danger et un scandale publics. La loi française a consacré la solution la plus sage et la plus prudente en ne modifiant pas, à cet égard, les conséquences normales de la condamnation.

§ 3. — **Frais et dommages-intérêts**.

117. — La suspension de la peine ne doit pas comprendre le paiement des frais du procès, et des dommages-intérêts. C'est là un principe d'une nécessité si évidente qu'il ne peut donner lieu, en législation, à aucune difficulté (1).

Le prévenu est déclaré coupable et frappé d'une peine ; il doit donc, suivant la règle générale, être condamné aux frais et aux réparations civiles, s'il y a lieu. Mais ni le

---

1. La loi belge est muette sur ce point. La pratique n'en a pas moins admis la solution expressément formulée dans la loi française (V. Locard, p. 70, note 4). Cf. dans le même sens, loi de Genève, art. 8.

trésor, ni les parties lésées ne peuvent souffrir de la situation de faveur qui lui est faite ; le paiement de leur créance respective ne saurait être différé. La condamnation conditionnelle, comme la grâce respecte leurs droits.

§ 4. — **Casier judiciaire**.

118. — On ne peut aborder l'étude des moyens préventifs de la récidive sans se heurter à chaque pas à la question du Casier judiciaire. Il n'est donc pas hors de propos d'insister quelque peu sur l'une des solutions les plus contestables de notre loi, qui s'y rapporte.

119. — Que le jugement portant condamnation conditionnelle fît l'objet de la délivrance d'un Bulletin n° 1, classé au casier judiciaire ; qu'il fut constaté sur les Bulletins n° 2 destinés aux magistrats, cela ne pouvait faire question. Le fonctionnement de l'institution nouvelle l'exige, et on peut dire que si le casier judiciaire n'avait existé, il aurait fallu l'inventer pour en rendre l'application possible (1).

Mais était-il nécessaire de mentionner la condamnation conditionnelle sur les bulletins n° 2 délivrés aux particuliers et aux administrations ? Je ne le crois pas ; et j'estime, qu'en ne faisant pas cette distinction, la loi de 1891 a manqué de logique.

---

1. Il faut rappeler que c'est au cours de la discussion de la loi de 1891, que la question de la réforme du Casier s'est nettement posée, et est entrée dans une voie pratique par la nomination d'une commission extra-parlementaire (Sénat, Séance du 27 juin 1890, J. off., du 28 juin).

120. — Le casier judiciaire a été, depuis quelque temps, attaqué avec une extrême vivacité, et présenté comme l'une des causes actives de la récidive. On lui reproche principalement de divulguer la faute, de nuire par là d'une façon inintelligente et barbare au reclassement d'une foule de libérés intéressants. On a prétendu qu'il équivalait à une véritable *interdiction de travailler* et qu'ainsi il faisait des parias, c'est-à-dire des récidivistes. Ce n'est ici le lieu ni d'examiner toutes les critiques, ni de les réfuter. Je crois pour ma part qu'elles sont exagérées ; s'il est permis de désirer la réforme prudente de l'institution, on ne doit pas en tout cas oublier ses bienfaits incontestables, ni sacrifier l'intérêt bien certain des honnêtes gens à celui de quelques libérés même très dignes de sympathie.

121. — Mais, sous ces réserves, et sans tirer argument contre le casier de quelques situations exceptionnelles, plus ou moins dramatisées, on ne saurait nier que l'individu pourvu, comme on dit souvent, d'un casier judiciaire, ne soit dans une situation défavorable pour se reclasser et surtout pour trouver du travail. Obligé sou-

---

1. V. sur la question : Jean Appleton, *la Réforme du casier judiciaire,* et les auteurs qu'il cite. M. le professeur Léveillé a dirigé contre le Casier des attaques particulièrement vives. Il le compare volontiers au *pilori* ou à la *marque.* « Autrefois, dit-il, le bourreau imprimait au fer rouge sur l'épaule du condamné, certaines lettres ; c'était une flétrissure épouvantable, mais enfin elle pouvait se dissimuler sous les vêtements, et elle ne s'appliquait qu'aux grands malfaiteurs. Le Casier judiciaire, la vérité est que le condamné le porte sur le front, même pour les péchés véniels et pour toujours !... » (*Bull. soc. pris.,* 1891, p. 1051. V. aussi Journal *le Temps,* 3, 27 mars, et 1er avril 1891).

vent de produire son bulletin n° 2, il est ainsi désigné à la suspicion générale. Or, en se plaçant uniquement au point de vue des condamnés conditionnels, on peut se demander s'il n'est pas directement contraire au but poursuivi, que de leur créer immédiatement une difficulté de nature à compromettre leurs efforts et leurs essais de relèvement. L'épreuve qu'on leur impose pour obtenir la libération définitive ne se fait pas dans des conditions bien concluantes, si elle est aggravée par un obstacle de fait tel que celui-ci.

122. — Sans doute, au bout de cette épreuve, on offre au délinquant, avec la réhabilitation légale, l'effacement des mentions du casier sur les bulletins délivrés aux particuliers. Mais cette faveur, — très appréciable, — vient trop tard. Ce n'est pas dans cinq ans, c'est au sortir de l'audience que se pose la question du casier, car c'est à ce moment que le condamné doit commencer la lutte. Si, grâce à cette note blessante du bulletin n° 2, il se voit confondu avec les repris de justice ordinaires, la faveur de la suspension lui sera peu avantageuse, et le but de la loi risque d'être manqué.

123. — Il sera bien fait mention qu'il s'agit d'une condamnation simplement *conditionnelle*, c'est-à-dire concernant un coupable peu dangereux et repentant. Mais qu'importe ? Croit-on que les administrations publiques, les patrons, partageront la confiance des magistrats et suspendront pendant cinq ans, la méfiance que peut leur inspirer l'individu dont le casier n'est plus vierge ? Ce serait une illusion que de le penser. On ne discute pas avec le casier. On constate qu'il révèle une condamna-

tion et on ferme la porte au solliciteur qui ne peut montrer page blanche. La surabondance des demandes d'emploi est telle que le condamné conditionnel se trouvera presque toujours évincé au profit de celui qui produit son bulletin avec la mention *néant*. Je trouve d'ailleurs fort équitable que le parfait honnête homme ait un avantage sur celui qui, même un seul jour, a cessé de l'être : mais enfin, quand on fait une loi précisément destinée à empêcher le déclassement des malheureux tombés par accident, il est au moins étrange de leur laisser l'estampille qui suffit à les rendre suspects.

124. — Notons bien d'ailleurs qu'il s'agit, par hypothèse même, de condamnés primaires reconnus inoffensifs et désireux de s'amender. Dès lors, l'intérêt des tiers, seul motif mis en avant pour justifier ce système (1), ne peut avoir à souffrir de cette dissimulation légale. Je suis peu partisan, en principe de la réforme qui tendrait à exempter certaines condamnations d'inscription au casier (2). Il y a là une sorte de déloyauté officielle (3). Mais, en limitant l'exemption aux seules condamnations conditionnelles, je ne vois pas qu'elle mérite les mêmes reproches. Il ne saurait y avoir pour les

---

1. C'est en effet, cette raison qui a déterminé la Commission du Sénat à repousser l'exemption (Rapp. Bérenger, VIII).

2. Je m'associe sur ce point aux critiques dirigées contre le Projet de loi sur le Casier judiciaire.

3. Comme l'a fort bien dit M. Berthélemy (*Bull. soc. pris.*, 1891, p. 745), le système du Casier incomplet enlève toute valeur au Casier des honnêtes gens ; l'adopter, c'est donner aux libérés un certificat de bonne vie et mœurs ; c'est mentir avec eux et mentir pour eux.

tiers plus de péril dans la clandestinité du casier que dans la suspension même de la peine.

Cette faveur devait entraîner l'autre. La peine du casier comme la prison elle-même eut été réservée aux condamnés suspects et aux récidivistes. La logique de la loi l'exigeait ainsi.

125. — D'ailleurs, si l'on se reporte aux discussions préparatoires de la loi Bérenger (1), on remarque qu'on avait cherché à atténuer les inconvénients du casier non moins que ceux des courtes peines. Les deux réformes paraissaient liées. Le législateur de 1891 a donc oublié la pensée primitive des inspirateurs du nouveau système. Il s'est contenté d'une demi-mesure. L'expérience apprendra si cette inconséquence n'est pas de nature à compromettre le succès espéré. Il est difficile, tout au moins de douter, que l'efficacité de la condamnation conditionnelle, à l'égard surtout de certaines catégories de délinquants (2), n'en soit diminuée (3).

1. A la Société des Prisons (V. Bull., 1887, p. 495, 1888, *passim.*, 1890, p. 739). Le projet adopté par la première section de la Société dispensait d'inscription les cond. conditionnelles (V. rapp. de M. A. Rivière, Bull., 1888, p. 149). C'est pour éviter les inconvénients du Casier que plusieurs membres préconisaient l'*admonition*. Mais, on pouvait obtenir le même résultat avec la condamnation conditionnelle, en décidant qu'elle ne figurerait pas au Casier.

2. Les jeunes délinquants, en particulier. Pour eux, a-t-on dit, le Casier équivaut au *Lasciate ogni speranza* de Dante. Nous en verrons plus loin les inconvénients au point de vue du service militaire (*infra*, p. 157). Notons cependant que le Projet de réforme remédie dans une certaine mesure à cette situation (art. 9, 1°).

3. La solution admise sur ce point par notre loi, et qui ne paraît pas avoir été sérieusement contestée ni au Parlement, ni

§ 5. — De la période d'épreuve.

126. — Je me suis déjà expliqué sur la situation du condamné conditionnel pendant la période d'épreuve, et sur les critiques dirigées de ce chef, contre la loi française, à laquelle on oppose l'exemple des lois américaines et anglaises (1). Je ne m'occuperai ici que de *la durée* de l'épreuve.

Sur ce point, deux systèmes sont en présence : celui de notre loi de 1891 : — *durée de l'épreuve fixée légalement, et uniforme ;* — celui de la législation belge : *durée librement déterminée par le juge, au dessous d'un maximum.*

127. — Ce dernier système est préféré par quelques auteurs (2). On estime qu'il n'est ni juste, ni nécessaire

---

par la doctrine, étonne d'autant plus que les attaques contre le casier ont été renouvelées, au cours même de la discussion, avec une extrême énergie, par les deux rapporteurs, MM. Bérenger et Barthou. Le premier a été jusqu'à dire que le Casier était devenu une *peine véritable, plus dure que la prison* (Sénat, séance du 27 juin). Le projet de réforme du casier judiciaire maintient la nécessité de l'inscription des condamnations conditionnelles (V. Appleton, *loc. cit.* Cet auteur critique avec raison cette disposition. V. p. 82 et s., 118 et s., 122 et s.).

1. *Supra,* n° 70 et s.

2. M. Bozérian l'a défendu au Sénat, et a déposé un amendement permettant au juge de fixer la suspension entre un minimum de trois ans et un maximum de cinq (Sénat, séance du 3 juin, 1890 *J. off.,* 4 juin, p. 528). Cet amendement fut rejeté, sur les observations du rapporteur. La loi de Genève a adopté cette combinaison : la durée du sursis varie entre cinq et deux ans (art. 3).

d'imposer à tous les condamnés, les uns frappés de peines légères, les autres de graves, une épreuve uniforme. Il paraît plus rationnel de laisser au juge la faculté de se mouvoir entre un minimum et un maximum et de proportionner ainsi ce stage de bonne conduite, à la gravité de la faute.

J'hésiterais cependant à approuver sans réserve cette combinaison. Son principal inconvénient à mes yeux est de ne pas prémunir les juges contre l'entraînement de leur propre bienveillance : rien ne serait plus fâcheux que de voir la période d'épreuve réduite à une courte durée ; l'effet moralisateur qu'on attend de la menace ne peut se produire qu'à la longue, et un excès d'indulgence dans ce sens enlèverait à la mesure toute son efficacité (1). En théorie, l'uniformité de ce délai serait choquante, si l'épreuve constituait une véritable peine. On pourrait dire alors avec raison que c'est là un fâcheux retour au système des peines fixes. Mais il n'en est rien : tout au contraire, il est de principe que les questions de *délais*, — il ne s'agit, en effet, que de cela, — sont réglées par le législateur, et non par le juge. Ainsi, dans chaque ordre d'infraction, la durée de la prescription n'est pas proportionnée à celle de la peine. Or, la période

---

1. La statistique belge démontre que ces craintes sont fondées. Le ministre de la justice a constaté dans son rapport annuel sur l'application de la loi de 1888, la tendance fâcheuse des tribunaux à donner à l'épreuve une durée insuffisante, et il a rappelé aux juges que la condamnation conditionnelle n'est pas seulement un mode d'adoucissement des peines, mais une mesure préventive dont le succès est lié à la prolongation de l'épreuve. La loi belge a le tort de ne fixer aucun minimum.

de suspension n'est en définitive qu'une *sorte de prescription par la bonne conduite*. Ces considérations, — et surtout cette dernière, — me paraissent justifier suffisamment la solution de la loi française (1).

128. — Je reconnais toutefois qu'il eut été possible, sans risquer d'affaiblir la répression, d'attribuer au délai suspensif une gradation fixe, proportionnée à celle des peines. L'analogie de la prescription l'autorisait ; sa durée ne varie-t-elle pas suivant qu'il s'agit de peines criminelles, correctionnelles ou de police ? Le législateur pourrait donc décider, par exemple, que la période de suspension serait de *trois ans*, pour les peines inférieures à un mois ; de *quatre ans*, pour les peines de un à six mois ; de *cinq ans*, pour les autres. Avec l'avantage de l'uniformité relative, et de la fixation législative des délais, cette combinaison répondrait à l'objection, juste au fond, que l'amendement des coupables n'exige pas, dans tous les cas, une épreuve de même durée.

129. — Etant admis le système de la durée fixe et uniforme, le terme de cinq ans, adopté par la loi française, semble d'ailleurs heureusement choisi. Il s'appuye, en droit pénal, sur des analogies assez rationnelles : par exemple en matière de prescription, comme nous l'avons vu plus haut, ou encore en matière de récidive. Il ne paraît pas trop long, si l'on songe que la dispense de

---

1. V. sur ce point, rapp. Bérenger, p. 15, et discours du même au Sénat (séance du 3 juin 1890). M. Bérenger alléguait en outre que le système belge occasionnerait une trop grande diversité dans les jurisprudences, considération d'une importance secondaire.

l'exécution est une assez grande faveur pour n'être pas mise à trop bon marché. Mais on ne pouvait le porter au-delà (1) : il n'y a pas de raison en effet pour se montrer plus exigeant envers le condamné conditionnel qu'à l'égard de celui qui, ayant réussi à se soustraire à la peine, bénéficie de la prescription en matière correctionnelle, au bout de cinq ans (2).

§ 6. — Déchéance du sursis.

130. — Le condamné qui ne réalise pas la condition, est déchu du bénéfice du sursis. Nous avons vu plus haut (3) pourquoi la loi n'a pas attaché la déchéance à la mauvaise conduite du délinquant, ce qui paraît plus naturel, mais au fait matériel de la survenance d'une nouvelle condamnation. Il restait à déterminer si toute condamnation devait entraîner cette conséquence ? Non : car, ainsi que je l'ai indiqué, il en est qui n'ont que peu ou pas d'importance au point de vue de la moralité. Ici encore, la loi française ne considère comme ayant un caractère grave que les condamnations à l'emprisonnement ou à une peine plus grave, pour crime ou délit de droit commun (4). Ce système paraît préférable à celui

---

1. Quelques auteurs trouvent cependant le délai de cinq ans insuffisant (V. Brégeault. Capitant).

2. Le projet de révision du C. pén. fixe le délai de l'épreuve à *trois ans* seulement. Mais il faut se rappeler qu'il n'autorise la suspension que de très courtes peines.

3. *Supra,* n° 76.

4. Le projet de révision du C. pén. adopte à peu près le même système, sauf que la déchéance résulte de là commission d'une *nouvelle infraction,* et non de la condamnation. On s'occupe alors

de la loi belge qui attribue un caractère révocatoire à toutes les condamnations pour délit ou crime, sans s'occuper de la peine. Il est excessif qu'une simple condamnation pécuniaire, à la suite, je suppose, d'un délit non intentionnel, entraîne nécessairement l'exécution de la première peine.

131. — En fait, par la faculté qu'il possède, en général, de ne prononcer qu'une simple amende, le second juge sera presque toujours libre de révoquer ou non le sursis. Cette latitude a un grand avantage, c'est de permettre aux magistrats de tenir compte des efforts sincères du condamné, nonobstant une seconde infraction qui peut n'avoir aucun rapport avec la première, et qui ne constitue pas, à proprement parler, une rechute (1). Mais elle a aussi un inconvénient, car elle ouvre à la bienveillance quelquefois inépuisable, des tribunaux, de nouveaux horizons. Ce serait mal comprendre l'institution et lui donner un caractère dérisoire, que d'hésiter à prononcer une peine révocatoire, toutes les fois que le second délit a un caractère sérieux. On peut dire, à ce point de vue,

---

de la peine édictée pour cette infraction (art. 68). Sans attribuer aux peines pécuniaires un caractère nécessairement révocatoire, il paraîtrait sans inconvénient de laisser aux juges la *faculté* d'ordonner la révocation dans ce cas : ils ne seraient pas tentés d'en abuser, et pourraient atteindre ainsi certains individus qui se jouent de la faveur de la loi, sans commettre des délits passibles de prison.

1. « Les raisons qui ont fait écarter l'incarcération peuvent subsister aussi fortes que jamais » dit M. Gautier (p. 30). Il y aurait effectivement quelque inconséquence, dans certains cas, à punir le premier fait, à l'occasion d'un second qui ne dérive en aucune manière du même penchant coupable.

que le succès de l'innovation dépend presque autant de la fermeté des seconds juges que de la clairvoyance des premiers.

§ 7. — De la réhabilitation légale.

132. — L'accomplissement de la condition aura pour effet de *purger la peine*. C'est le but essentiel du système ; il n'exige ici aucune observation. Mais à cette faveur, la loi française en ajoute une autre : elle accorde au condamné une *réhabilitation de plein droit*.

En cela, elle a été trop loin (1). Un tel bénéfice ne se justifie pas suffisamment par la fin à atteindre. La dispense de la peine constitue une prime assez précieuse pour stimuler le condamné. Il n'était point nécessaire de récompenser la bonne conduite très relative dont la loi veut bien se contenter, par un avantage que n'obtient pas le condamné pur et simple.

Cette différence de traitement entre les deux catégories de condamnés choque dans une certaine mesure l'équité.

133. — Je vais plus loin : la réhabilitation de plein

---

1. Cette disposition ne figurait pas dans la proposition originaire de M. Bérenger. La loi belge considère aussi la condamnation comme « non avenue ». Quant au projet de révison du C. pén. il se borne à dire : « La condamnation *sera comme exécutée*, s'il n'est pas prononcé de nouvelle condamnation... » (art. 69). La peine est donc simplement purgée. Ajoutons que cette solution de notre loi n'a pas été contestée au parlement. Elle est vivement combattue par M. Bernard (*l. c.*) et a soulevé de sérieuses objections à la Société Générale des Prisons.

droit est dangereuse. Dans le système de la loi, le condamné peut mener une vie de désordre, commettre des infractions, même graves, que la prescription a couvert, ou multiplié les petits délits passibles seulement de l'amende : non-seulement il n'encourt pas la déchéance, c'est déjà beaucoup, mais encore il reçoit, sans enquête, sans condition de résidence, un brevet d'honorabilité qu'il n'eut pas obtenu des tribunaux s'il avait dû solliciter judiciairement sa réhabilitation (1). On ne s'inquiète même pas de savoir s'il a payé les frais ou indemnisé sa victime (2). Il est difficile de ne pas voir dans une faveur ainsi accordée sans discernement, un réel danger, quelquefois une cause de scandale, et dans tous les cas, un abus d'indulgence, contraire à l'idée même de réhabilitation.

134. — Mais, dit-on, il faut tendre au reclassement des condamnés, et pour cela, effacer toute trace de la condamnation. Or, la réhabilitation judiciaire révèle après un long temps la faute oubliée peut-être, ou inconnue. Soumettre le condamné à cette épreuve, « *plus cruelle que la condamnation* (3) », c'est rendre inutile le résultat de ses efforts, s'il s'est bien conduit.

L'objection doit céder devant le danger d'accorder un

---

1. La différence de délai entre les deux réhabilitations ne compense pas cette inégalité, car, avec les lenteurs de la procédure de la réhabilitation judiciaire, elle se trouve plus apparente que réelle.

2. Cf. art. 623, C. Instr. Crim. C'est sur ce point que l'inégalité entre les deux catégories de condamnés est plus choquante.

3. M. Bérenger, à la Société Générale des Prisons (Bull. 1890, p. 735),

certificat d'honnêteté à qui ne le mérite pas. Si la réhabilitation judiciaire est quelquefois indiscrète (1), l'autre est aveugle, et cela vaut moins encore. Qu'on cherche à améliorer encore la première, soit. Mais on ne devait pas supprimer l'indispensable contrôle qui donne à l'institution sa véritable valeur.

135. — N'a-t-on pas d'ailleurs perdu de vue que la réhabilitation « ce but passionné des âmes repentantes », en demeurant incertaine et facultative, aurait concouru au vœu de la loi, en sollicitant le condamné, non pas seulement à esquiver des poursuites, mais à mener une conduite vraiment irréprochable ?

En l'accordant à tous, comme un bénéfice banal, le législateur s'est privé, non-seulement de la faculté, fort utile, de faire un traitement différent aux coupables amendés et à ceux qui ne le sont pas, mais encore d'un puissant moyen de stimuler leurs efforts.

136. — Les inconvénients de ce système seront d'ailleurs en grande partie évités, si les juges sont très prudents dans la concession du sursis. Il n'est guère à

---

1. Le reproche est au moins exagéré. On a pu citer l'exemple de procédures en réhabilitation suivies à l'insu de la femme du condamné (*Bull. soc. pris.*, 1891, p. 1019). Pour la rendre plus discrète, M. Ad. Guillot a émis l'avis de remplacer l'enquête actuelle en partie administrative, par une enquête *purement judiciaire*, faite par un juge commis. Quant à M. Bérenger, il est si frappé des inconvénients de réhabilitation, qu'il s'est fait l'auteur, à la commission du Casier judiciaire, d'une proposition qui a été repoussée, tendant à établir en toute matière, après un certain délai, une réhabilitation de droit. M. Michelin a déposé, le 20 février 1894, une proposition de loi dans le même sens (*Lois Nouvelles*, 15 juin 1894).

craindre, en effet, qu'un individu, irréprochable jusque-là, commence à mener une conduite irrégulière du jour précisément où la justice l'avertit et le menace.

En d'autres termes, l'enquête, au lieu de précéder la réhabilitation, devra se faire *avant la condamnation elle-même*. Telle est la conclusion pratique qui paraît s'imposer (1).

---

1. Remarquons que si la condamnation conditionnelle n'était pas portée sur les extraits du Casier judiciaire, la question qui nous occupe, perdrait en partie son intérêt. Je persiste à croire pour ma part, qu'il eût été plus logique de ne pas créer aux condamnés, dès le début de l'épreuve, la difficulté du Casier, tout en faisant une distinction, au terme de cette épreuve, entre ceux qui ont témoigné d'un véritable amendement et les autres.

DEUXIÈME PARTIE

CHAPITRE PREMIER

DOMAINE DE LA CONDAMNATION CONDITIONNELLE.

137. — Nous avons à examiner dans quels cas les tribunaux sont autorisés à prononcer une condamnation conditionnelle. Trois points de vue sont à considérer : 1° *le délinquant* ; 2° *l'infraction* ; 3° *la peine*. Nous étudierons ensuite : 4° les règles de *compétence* et *de forme*.

SECTION I

Quels délinquants peuvent bénéficier d'une condamnation conditionnelle ?

138. — Peuvent bénéficier d'un sursis : 1° les *délinquants primaires*, c'est-à-dire ceux qui n'ont subi *aucune condamnation* quelconque. Il importe peu que plusieurs infractions soient relevées à leur charge ; 2° *Certains délinquants assimilés :* ceux qui n'ont pas subi de condamnation antérieure à la prison pour crime ou délit de droit commun (art. 1er, § 1). C'est cette formule qu'il

nous faut expliquer ; elle comprend trois éléments : la loi exige : 1° une *condamnation ;* 2° une certaine nature de *peines ;* 3° une certaine *nature d'infractions.*

139. — Je ferai une observation préliminaire. Aucune catégorie de délinquants n'est exclue du bénéfice du sursis (1) : les tribunaux n'ont à se préoccuper que des antécédents judiciaires, et à vérifier si ceux-ci réunissent les conditions voulues pour faire obstacle à la faveur légale. Il suit de là que les *délinquants étrangers* peuvent, aussi bien que les nationaux (2), profiter des mesures d'indulgence édictées par la loi de 1891, de même qu'ils sont passibles de ses rigueurs (3).

---

1. V. cependant *infra,* p.127 la question des délinquants militaires.

: 2: La question ne souffre pas de difficulté en droit (Cf. *Journ. de Droit Intern. privé,* 1893, p. 109 et s. de Forcrand, p. 63. Delalande, p. 221). En fait, il ne semble pas qu'il y ait lieu, en principe, d'accorder le sursis aux étrangers, soit par suite de la difficulté d'obtenir sur eux des renseignements suffisants, soit surtout en raison de la facilité particulière qu'ils ont de disparaître, et de se soustraire à la sanction de la loi en cas de rechute. Le sursis aurait, à leur égard, un caractère dérisoire. Il serait d'ailleurs assez difficile de concilier logiquement le *droit d'expulsion,* dont use le Gouvernement à leur égard, avec la condamnation conditionnelle et le stage qu'elle suppose. M. Brégeault estime qu'il eût été peut-être opportun d'admettre ici la réciprocité diplomatique ou législative : point de vue contestable, puisqu'il s'agit non d'une pure faveur, mais d'une *mesure d'ordre public.* Le projet de loi sur le Casier judiciaire entre cependant dans cette voie, en ce qui concerne les dispenses d'inscription (art. 12) (V. sur la répression des délinquants étrangers, B. de Marsangy, *Am. de la loi criminelle,* t. 2, p. 511 et s.).

3. C. civ., art. 3. Cf. Weiss, *Traité de Droit Intern. privé,* p. 342 (Ed. de 1885).

§ 1. — Caractère de la condamnation antérieure.

140. — La loi exige une *condamnation:* par suite, le délinquant déclaré coupable, mais *absout* (art. 364. C. Instr. Cr.) ou *acquitté* pour défaut de discernement (art. 66. C. P.) pourra ultérieurement bénéficier d'une condamnation conditionnelle, car il n'a pas été *condamné* à *une peine*. Il n'est point nécessaire d'ailleurs que la condamnation ait été *exécutée*. Ce que veut la loi, c'est la preuve de l'indignité du délinquant; or, elle résulte de la condamnation et non de l'exécution.

141. — Sur ce point, au surplus, comme sur ceux qui vont suivre, je ne puis que me référer aux principes admis en matière de récidive (1). Dans le silence du texte il est naturel d'exiger dans la condamnation formant obstacle au sursis, les mêmes caractères que dans la condamnation premier terme de la récidive, sauf exception.

a). — Il faut donc avant tout que la condamnation émane d'*un tribunal français* (répressif ou non, ordinaire ou spécial). En fait, lorsque la juridiction saisie aura la preuve que le délinquant a été antérieurement condamné à l'étranger, il serait particulièrement choquant qu'elle

---

1. V. Garraud, II, p. 312 et s. Notons cependant qu'il n'y a pas lieu de se préoccuper en notre matière de l'ancienneté de la condamnation antérieure : elle fait obstacle au sursis, alors même qu'elle se place en dehors de la période de cinq ans des articles 57 et 58.

ne s'arrêtât pas à cette preuve d'indignité. La moralite ne connaît pas de frontière (1).

Peu importe d'ailleurs que l'infraction, réprimée en France, ait été commise à l'étranger.

b). — Elle doit être *définitive au moment où intervient la seconde condamnation.* Elle ne peut en effet former obstacle de droit au sursis, tant qu'elle a une valeur simplement provisoire. Mais je crois qu'il ne faut pas pousser plus loin l'exigence, et dire, comme en matière de récidive, qu'elle doit être définitive au moment où se produit la seconde infraction.

Cette règle, qui se justifie dans le cas de récidive, n'aurait pas de raison d'être ici. Tout ce que la loi demande, c'est la preuve légale de l'indignité d'un condamné : elle existe du moment que la condamnation antérieure est définitive lors du second jugement (2). La question n'a d'ailleurs que fort peu d'intérêt pratique (3), car il n'est pas à supposer que les tribunaux soient tentés d'ordonner le sursis en pareille hypothèse.

---

1. De là, la nécessité, si le système de la condamnation conditionnelle, prend de l'extension, de multiplier les conventions d'échange des bulletins de condamnation (Cf. *sur l'effet des jugements étrangers*, Garraud, I, n. 162). On ne peut que souhaiter d'ailleurs de voir les différents États se solidariser, et, dans l'intérêt général, réunir leurs efforts contre la récidive (V. dans ce sens la disposition intéressante de l'article 96 du C. de Neufchâtel, et la loi française du 30 novembre 1892, art. 25). Le projet de C. pén. Suisse assimile la peine étrangère à la peine nationale.

2. *Sic* Delalande, p. 80. *Contra*, Locard, n° 22.

3 Il en est ainsi d'ailleurs de plusieurs controverses examinées dans cette section, et qu'il est nécessaire d'étudier pour déterminer la portée théorique de la loi.

c). — Enfin, une condamnation antérieure ne fera pas obstacle au sursis, si elle a été mise en oubli par une *amnistie* ou annulée par la *révision* du procès : dans ces cas elle est censée n'avoir jamais existé ; ou encore si elle a été effacée par la *réhabilitation judiciaire*, et même par la *réhabilitation légale* résultant de notre loi (1). Dans cette dernière hypothèse, la condamnation est censée *non-avenue*. Le même individu peut donc, théoriquement, bénéficier plusieurs fois d'une condamnation conditionnelle.

142. — *Preuve des antécédents.* — La preuve, toute négative, que le condamné se trouve dans les conditions requises pour être admis au sursis se fera naturellement par la production du bulletin n° 2. D'où la nécessité, pour les parquets et les greffiers, de hâter l'envoi et le classement des bulletins n° 1. L'institution nouvelle exige plus que jamais une réglementation sévère du casier judiciaire, et un soin tout particulier dans la délivrance des bulletins (2).

---

1. La solution contraire est admise en Belgique (Locard, p. 27). La loi genevoise dispose que le même individu ne pourra bénéficier deux fois du sursis, s'il a commis un second délit de la même nature que le premier (art. 6).

2. Une circ. minist. du 19 déc. 1891 constate que faute d'avoir sous les yeux un bulletin n° 2 exact, plusieurs tribunaux ont ordonné le sursis à l'égard d'individus déjà condamnés dans les conditions de la loi ; et elle prescrit certaines mesures pour prévenir le retour de semblables faits (*Bull. off. Minis. Just.*, 1891, p. 546).

§2. — **Nature de la peine antérieure.**

143. — Une condamnation antérieure ne forme obstacle au sursis qu'autant que la peine prononcée est celle de *l'emprisonnement*, ou une *peine plus grave*. La loi ne s'explique pas sur ce dernier point : mais cette solution découle nécessairement de son texte. Si une peine de prison empêche le condamné d'être admis ultérieurement au sursis, *a fortiori* doit-il en être de même des peines plus fortes.

Il suit de là que les condamnations à *des peines pécuniaires*, quel que soit le taux de l'amende, ne sont pas comptées comme antécédents judiciaires pour l'application de notre loi.

144. — *Cas des articles 67 et 69 du Code pénal.* — On doit admettre sans hésitation que la peine prononcée en vertu de ces articles contre les mineurs de 16 ans est une peine d'emprisonnement, rentrant dans la formule de la loi (1). Elle est subie, il est vrai, dans des établissements spéciaux où le jeune condamné est soumis à une éducation correctionnelle ; mais si le mode d'exécution de la peine varie, sa nature ne change pas. Les termes mêmes des articles 67 et 69 ne laissent place à aucun doute sur ce point (2).

---

1. *Contra*, Brégeault. Les arguments qu'il invoque sont peu concluants.

2. Ceux qui contestent à la peine prévue par l'article 67 le caractère d'emprisonnement, parce qu'elle a une durée supérieure à cinq ans, doivent au moins reconnaître que cette peine innommée est au moins *plus grave* que la prison, et par conséquent fait

§ 3. — **Nature de l'infraction antérieure.**

145. — La loi, pour priver un délinquant du bénéfice d'un sursis, se préoccupe enfin de la *nature* de l'infraction qui a entraîné la condamnation antérieure. Il faut que celle-ci ait été prononcée pour *crime ou délit de droit commun*.

146. — *a).* — *Pour crime ou délit.* — Cette formule exclut les *contraventions de police*, qui n'ont, en effet, aucune gravité. Bien que les délits, qualifiés quelquefois de *contraventionnels* n'impliquent pas, en général, plus d'immoralité que les contraventions proprement dites, il est certain cependant qu'on doit les assimiler à ce point de vue, comme à tous autres (1), non à ces dernières, mais bien aux délits correctionnels. Il faut s'en tenir à la classification du Code pénal.

b). — *Crimes ou délits de droit commun.* — Il est très important de déterminer le sens exact de cette expression qui revient deux fois dans la loi. Les travaux préparatoires n'offrent à cet égard aucun éclaircissement.

Je pense qu'il faut opposer ici les crimes et délits de droit commun à la fois aux infractions *politiques* et aux

---

obstacle au sursis comme celle prévue par l'art. 69, sur la nature de laquelle aucun doute ne peut exister. En fait, lorsqu'un tribunal au lieu d'acquitter un jeune délinquant en vertu de l'art. 66, comme cela se passe d'ordinaire, le reconnaît capable de discernement et applique les art. 67 et 69, c'est qu'il s'agit en réalité de précoces criminels. On n'a donc pas à regretter qu'une telle condamnation leur ferme l'accès de la condamnation conditionnelle.

1. V. Garraud, I, n. 86.

infractions purement militaires, mais non pas aux autres infractions dites *spéciales* (1).

D'une part, en effet, la loi du 27 mai 1885 ne fait pas entrer en compte pour la relégation ces deux catégories d'infractions, et les oppose clairement aux infractions de droit commun (2). Il est rationnel de penser que la loi de 1891, qui obéit aux mêmes préoccupations, a entendu prendre cette expression dans le même sens.

D'autre part, les infractions politiques et purement militaires ont un caractère nettement tranché, et excluent précisément cette indignité morale qui doit faire refuser le sursis aux individus déjà condamnés (3). On peut, il est vrai, en dire autant de beaucoup d'infractions spéciales. Il faut cependant observer que les délits punis d'emprisonnement par des lois spéciales (et il ne s'agit que de ceux-là), ne supposent pas, en général, une culpabilité moindre que ceux punis de la même peine par le Code pénal.

Cette dernière observation, qui est capitale, refute suffisamment l'objection faite à ce système, présenté comme trop étroit, et contraire à l'esprit de la loi.

148. — *Systèmes contraires.* — D'autres systèmes sont soutenus.

---

1. Dans ce sens : Capitant, André, Bassia, du Chêne. J'entends par infractions purement militaires (ou maritimes) celles qui consistent dans la violation du devoir militaire et ne peuvent être commises que par des militaires.

2. Art. 2, § 2, et art 3.

3. C'est dans le même ordre d'idées que le projet de loi sur le Casier judiciaire dispense d'inscription au bull. n° 3 les condamnations politiques (art. 8, n° 8).

a). — Suivant les uns, il faudrait opposer ici les crimes et délits de droit commun aux *seules infractions politiques* (1). Mais il y a exactement les mêmes raisons de décider pour les infractions militaires (2).

b). — D'autres considèrent comme étrangères au droit commun, au regard de notre loi, non-seulement les infractions politiques et militaires, mais encore celles qui sont prévues par *les lois spéciales*, ou par *certaines d'entre elles*, notamment par les *lois fiscales* (3). Mais on se heurte ici à des difficultés sans nombre, et on tombe forcément dans des distinctions arbitraires. La jurisprudence paraît condamner ces diverses manières de voir (4).

149. — Concluons que seules formeront obstacle au

---

1. Nègre et Gary, p. 47. Locard, n. 17 et s. Brégeault, p. 320 (sauf quelques distinctions).

2. On peut même invoquer un passage de la discussion où M. Bérenger oppose assez clairement, à propos de l'article 6, les infractions militaires aux infractions de droit commun (Sénat, séance du 3 juin 1890. *J. off.* du 4 juin, p. 526, col. 3 *in fine*).

3. Laborde, Delalande. Bernard. Dalloz, Rep. Supp. V° *Peine*, n. 230. On invoque bien mal à propos dans cette opinion le prétendu principe d'interprétation *extensive* (V. sur ce principe, Garraud, I, p. 171, note). N'oublions pas que le sursis est institué pour les individus *jamais condamnés ;* c'est *par exception* qu'on peut l'appliquer à d'autres. Loin d'étendre l'exception, il faudrait plutôt la restreindre.

4. Ainsi la Cour de Chambéry a jugé qu'une condamnation antérieure à la prison pour infraction aux lois de douane faisait obstacle au sursis (14 février 1893. D. 93, 2, 511). D'autres arrêts reconnaissent incidemment le caractère de droit commun, au sens de la loi, aux *délits de chasse* (Bourges, 17 déc. 1891. D. 92, 2, 64)), aux infractions à la loi *sur les réquisitions militaires* (Bourges, D. 92, I, 309). Voir, sur la question, les conclusions de M. l'avocat général Sarrut (D. 92, I, 310).

sursis *les condamnations à l'emprisonnement pour crimes ou délits autres que les crimes ou délits politiques et militaires.*

150. — Je n'ai pas à déterminer ici le critérium qui distingue les infractions politiques des non politiques. Je ne puis que renvoyer, au sujet de cette classification, qui reçoit de notre loi un nouvel intérêt, aux traités généraux de droit pénal. J'en ferai autant pour les questions qui naissent de la *complexité* ou de la *connexité* en cette matière, en me bornant sur ce point à une observation de fait : dans le cas où l'infraction complexe ou connexe sera réputée *politique*, d'après les distinctions faites, et, par conséquent, ne sera pas légalement comptée pour l'obtention ultérieure d'un sursis, les tribunaux devront en pratique en tenir compte, et refuser la faveur de la loi à l'individu déjà condamné pour des faits intéressant de si près le droit commun.

SECTION II

Quelles infractions peuvent donner lieu à une condamnation conditionnelle ?

151. — En principe, les tribunaux peuvent prononcer une condamnation conditionnelle, *quelle que soit la nature de l'infraction* donnant lieu à la poursuite, pourvu que la peine appliquée soit l'une de celles dont la suspension est autorisée. Cette règle générale ressort : 1° *du but* que le législateur s'est proposé, ainsi que nous l'avons vu plus haut (1) ; 2° *des travaux préparatoires*, formels dans

---

1. *Supra*, première partie.

ce sens ; 3° *du texte* de la loi, qui autorise la suspension en cas de condamnation à l'emprisonnement ou à l'amende, sans faire aucune distinction (art. 1ᵉʳ, § 1).

A ce principe, il existe deux exceptions, qui résultent soit d'un texte formel, soit de l'ensemble de la loi. Elles concernent les *contraventions de police*, et les *infractions militaires*. Nous étudierons successivement : 1° la portée de la règle générale ; 2° les exceptions.

§ 1. — **Règle générale : le sursis peut être ordonné en toute matière.**

152. — Le sursis peut être ordonné en toute matière, qu'il s'agisse d'un *crime ou d'un délit*, d'une infraction *ordinaire* ou *spéciale*, — *politique* ou *non politique* (1). Si, pour un motif facile à comprendre, la loi tient compte de la nature de l'infraction antérieure quand le délinquant a déjà subi une condamnation, elle ne s'en occupe pas, quand il s'agit d'autoriser le sursis. L'article 1ᵉʳ (§ 1ᵉʳ), par l'opposition même qu'il contient, est très significatif à cet égard, et l'on a quelque peine à comprendre que cette règle ait été contestée.

---

1. Le condamné pour faits politiques peut donc, théoriquement, bénéficier indéfiniment du sursis, puisqu'une condamnation antérieure de cette nature ne le prive pas d'être admis au sursis; et qu'une condamnation ultérieure, de même nature aussi, ne l'en fait pas déchoir. Il n'est guère à craindre que cette conséquence bizarre se produise en pratique. Il y a là cependant une raison de fait de ne pas accorder aisément le sursis en cette matière, puisque le condamné peut commettre impunément *au moins un délit*, s'il a soin de n'encourir une seconde condamnation que que pour faits politiques.

I. — Crimes et délits.

153. — Ainsi, en premier lieu, la concession du sursis est indépendante de la *gravité* du fait. En autorisant la suspension des peines de prison, sans limitation, le législateur a voulu justement rendre l'application de cette mesure possible en matière criminelle. Le condamné pour fait qualifié *crime* peut donc bénéficier du sursis, sans qu'il y ait à distinguer si la peine d'emprisonnement est prononcée par suite de l'admission d'une excuse, ou d'une déclaration de circonstances atténuantes (1). Au surplus, le sursis, quand il s'agit d'un crime, ne saurait être qu'exceptionnel en raison de la gravité présumée du fait, et de la longue durée de la peine. Ce sont les *délits* qui constituent évidemment le champ d'application normale de la mesure.

II. — Infractions spéciales.

154. — En instituant ce nouveau moyen de prévenir les récidives, le législateur a principalement songé aux infractions *communes* ou *ordinaires*. Il est certain cependant, pour les motifs déjà donnés, que les infractions *spéciales*, dans les divers sens du mot, peuvent également entraîner une condamnation conditionnelle, quand même

---

1. Les trav. prépar. sont formels sur ce point (*J. off.*, du 4 juin 1890, p. 525). Il va sans dire que la solution est la même au cas où l'emprisonnement est prononcé à la suite de la suppression d'une circonstance aggravante.

elles n'admettraient pas les *circonstances atténuantes* (1).
La jurisprudence a d'abord hésité ; quelques arrêts ont
tenté de restreindre l'application de la condamnation conditionnelle, dans des limites plus ou moins étroites, et
arbitraires (2). Cette jurisprudence était inspirée par la
crainte de voir la mesure nouvelle envahir le domaine de
lois spéciales, étrangères à la question de la récidive, au
risque d'en bouleverser l'économie et de compromettre les
intérêts particuliers qu'elles ont pour but de sauvegar-
der. Cette interprétation n'a pas prévalu ; les motifs allé-
gués n'ont qu'une valeur de fait. Le texte de la loi ne
permet aucune distinction. Il eût été d'ailleurs peu rationnel de réserver le sursis aux condamnés pour infractions
communes, en le refusant aux individus poursuivis pour
des délits d'un caractère souvent moins grave.

---

1. Il y aura là un moyen pratique de corriger, dans ces hypothèses, la rigueur de la loi. On doit reconnaître cependant que les
mêmes raisons qui n'ont pas permis d'admettre l'art. 463 d'une
manière générale, pour les infractions en dehors du Code pénal,
pouvaient conduire à ne pas autoriser ainsi le sursis à l'aveugle,
en ces matières.

2. Bordeaux, 14 août 1891, D. 92, 2, 61. Nancy, 7 nov. 1891. D.
92, 2, 61. Riom, 18 mai 1892, D. 93, 2, 25 (V. sous l'arrêt, les concl.
conf. de M. Depeiges). Voir aussi l'exposé complet du système
dans les concl. de M. l'avocat général Baudoin, sous l'arrêt de
Cass. du 19 nov. 1891 (D. 92, 1, 109). — Trois opinions se sont fait
jour : le sursis serait inapplicable : 1º si l'infraction est prévue
par une *loi spéciale ;* 2º ou bien par une loi n'admettant pas les
circonstances atténuantes ; 3º ou bien par une loi fiscale accordant
à l'administration le droit de *transiger.* Ces divers systèmes sont
arbitraires. En ce qui concerne cette dernière opinion, v. la réfutation dans la note de M. Sarrut, D. 93, 1, 157. La faculté de transiger, que notre loi n'entravera d'ailleurs que dans une faible
mesure, n'implique pas le droit *exclusif* pour l'administration de
remettre ou d'adoucir les peines.

La doctrine a admis sans difficulté le principe formulé plus haut. La jurisprudence est aujourd'hui fixée dans le même sens (1). Elle autorise le sursis en toute matière, notamment en cas de délit *forestier*, de *douane*, ou de *contributions indirectes.*

155. — Toutefois, en ce qui touche les matières fiscales et forestières, il faut signaler une réserve dans le système de la Cour de Cassation : elle ne permet le sursis que pour l'emprisonnement ; elle le refuse pour les *amendes*, parce qu'elle les considère moins comme des peines, que comme des réparations civiles, exclues du sursis par l'article 2 de notre loi. On ne doit donc pas voir dans cette distinction, basée sur le caractère attribué à ces amendes, une véritable exception à la règle, qui est au contraire formellement consacrée dans les mêmes arrêts. Je reviendrai sur ce point (2).

---

1. Cass., 25 mars 1892. D. 92, 1, 309 (infraction à la loi du 3 juillet 1877 sur *les réquisitions militaires*. Concl. conf. de M. l'avocat général Sarrut, sous l'arrêt) ; 22 déc. 1892. D. 93, 1, 157 (*Douanes et forêts*), et la note. Lyon (19 nov. 1891. D. 92, 2, 61 (*douanes*). Bourges, 17 déc. 1891. D. 92, 2, 61 (*chasse*). Bordeaux, 17 juin 1891, D. 92, 2, 61 (*presse*). Douai, 12 janvier 1892. D. 92, 2, 286 (*douanes*). Besançon, 29 janvier 1892. D. 92, 2, 61 (*même matière*). Montpellier, 19 mai 1892, *Lois Nouvelles*, 92, **2**, 154 (*matière fiscale*). Alger, 16 février 1893. D. 93, 2, 261 (*infraction à la loi du 3 janvier* 1877), Lyon, 20 février 1893. D. 93, 2, 511 (*exercice de la pharmacie*). Bordeaux, 20 avril 1894. D. 94, 2, 307 (*Infraction à la loi du 17 juillet 1889 sur les candidatures multiples*). Trib. de Rouen, 21 avril 1891, *Lois Nouv..*, 91, 2, 97 (*pêche*). Trib. d'Hazebrouck, 9 septembre 1893. D. 94, 2, 65 (*Infraction à la loi sur les écoles primaires*). Trib. de Saint-Étienne, 20 avril 1893, *Gaz. Trib.*, 26 avril 1893 (*Infraction à la loi du 19 brumaire an VI*).

2. V. *infra*, n° 170 et s.

§ 2. — **Exceptions.**

I. — **Infractions commises par des militaires** .

156. — Aux termes de l'article 7, les dispositions de la
loi du 26 mars 1891 relatives au sursis, ne sont pas
applicables aux condamnations prononcées par les tribunaux militaires.

C'est là, en apparence, une simple règle de compétence; nous aurons à l'étudier plus loin sous cet aspect (1). Mais sa portée n'est pas aussi facile à déterminer qu'il semble tout d'abord : il peut arriver, en effet,
— situation non prévue par l'article 7, — que les militaires soient traduits devant une juridiction ordinaire (2); les infractions commises par eux pourront-
elles, dans ce cas, donner lieu à une condamnation conditionnelle? En d'autres termes, l'exception de l'article 7 est-elle attachée à la *nature de la juridiction saisie*, ou bien à la *qualité de militaire* chez le délinquant (3) ?

---

1. V. *infra*, n° 177.

2. Par exemple, c'est le cas le plus fréquent, s'il existe des
coauteurs ou complices non militaires (art. 76. C.-J. M.).

3. Il est évident d'ailleurs que l'article 7 s'applique aussi bien
aux tribunaux militaires de *la marine* qu'à ceux de *l'armée de
terre.* Bien qu'il n'ait été question que de ces derniers dans la
discussion, il n'est pas douteux que les premiers ne soient compris dans la dénomination de *Tribunaux militaires.* Les explications qui suivent concernent donc les infractions commises par
les militaires de l'armée de mer, comme par ceux de l'armée de
terre.

157. — Pris à' la lettre, le texte de l'article 7 conduirait à admettre la première de ces deux solutions. Cela me paraît cependant inacceptable.

Il faut interpréter l'article 7 en s'inspirant de son esprit. Or, bien que les travaux préparatoires (1) soient un peu confus sur ce point, ils révèlent l'intention du législateur d'une manière suffisamment claire. Jugeant, à tort ou à raison, que le sursis aurait des inconvénients au point de vue de la discipline, il a voulu que les condamnés militaires fussent immédiatement atteints par la répression : il est indifférent à cet égard que la condamnation émane d'un tribunal militaire ou d'un autre. Ne serait-il pas d'ailleurs peu rationnel qu'un simple accident de procédure, une circonstance toute fortuite, aient pour résultat de faire varier la répression ? L'article 7 paraît donc simplement énonciatif : il a prévu l'hypothèse normale, celle où les militaires sont traduits devant la juridiction qui leur est propre ; — il n'a pas songé à l'autre, mais il ne l'exclut pas. C'est une lacune que la raison de la loi permet de combler (2).

150. — Il n'y a pas lieu de distinguer suivant que l'infraction poursuivie devant la juridiction civile est prévue par la loi militaire ou bien par la loi commune (3). Les

----

1. Sénat, séances des 3 et 10 juin 1890. Observ. de MM. Bérenger, de l'Angle-Beaumanoir et Robert.

2. L'article 7 ne figurait pas dans la proposition : il a été voté, un peu hâtivement, après une discussion assez confuse, sur l'amendement de M. le général Robert. Les questions délicates qu'il soulève ont été à peine effleurées.

3. Nègre et Gary, n. 77. Laborde, *Rev. crit.*, 1892, p. 208, et Cours élémentaire (App. n. 27), et *la note* sous l'arrêt de Besan-

mêmes motifs de décider existent en effet dans les deux cas. Remarquons cependant que le système que je propose trouve un appui particulièrement solide, en ce qui concerne les infractions purement militaires, dans l'article 196 du Code de Just. militaire. Puisque la juridiction civile statue comme ferait le tribunal militaire, — c'est le sens de cet article — elle ne peut ordonner une suspension de peine que celui-ci n'a pas la faculté de prononcer.

En conséquence, les infractions commises par des militaires ne peuvent donner lieu à une condamnation conditionnelle (1).

159. — Mais j'estime qu'il ne faut pas étendre l'exception au-delà de ce que paraît exiger l'esprit de la loi.

J'admettrais donc la possibilité d'un sursis en faveur des militaires dans les cas où ils ne sont pas justiciables

---

çon cité *infra*, note 1, p. 129. Je reconnais que cette distinction aurait pu logiquement être faite : on n'aperçoit pas de motifs sérieux à priver les militaires du sursis, quand ils sont poursuivis pour infractions ordinaires. La loi leur est applicable dans sa partie rigoureuse : il est un peu dur de leur refuser le bénéfice, au moins dans ce cas, des mesures d'indulgence de la première partie. Notons que l'autorité militaire eut été suffisamment armée contre les condamnés conditionnels par la faculté de les envoyer aux bataillons d'Afrique.

1. Dans ce sens, Gardeil, *Rev. crit.*, 1893, p. 3. Delalande, p. 223. Besançon, 10 juin 1891, *Lois Nouv.*, 91, 2, 137 (cet arrêt ne tranche pas la question en ce qui touche les infractions non militaires). Cass., 13 avril 1894, *Lois Nouv.*, 94, 2, 81 (V. les conclusions conformes de M. le procureur général Manau, rapportées sous l'arrêt). — *En sens contraire*, C. d'assise de la Haute-Savoie, 31 octobre 1892 (*Gaz. Trib.*, 16 nov. 1892). Il s'agissait dans l'espèce d'un *vol militaire*. Cet arrêt a été cassé dans l'intérêt de la loi par l'arrêt cité ci-dessus.

de leurs propres tribunaux : par exemple, s'ils sont poursuivis pour *délits fiscaux*, de *chasse* ou de *pêche*, ou bien pour infractions communes, alors qu'ils se trouvaient hors de leur corps, en état d'absence (1). Du moment, en effet, qu'ils ne sont plus soumis à une juridiction spéciale, il n'y a pas de raison pour leur refuser le sursis sur leur seule qualité; appelés devant la juridiction ordinaire à titre normal, ils doivent être traités comme tous les autres délinquants (2).

II. — Contraventions de police.

160. — Le sursis n'est pas applicable en matière de contravention de police. Cette exception, qui ne résulte pas d'un texte formel, est admise par la jurisprudence (3), et par une partie de la doctrine. Mais la question n'a pas cessé d'être très controversée entre les auteurs (4). Je me range pour ma part au système de la Cour de Cassation, qui me paraît tenir parfaitement compte de l'ensemble des dispositions de la loi et de son esprit.

---

1. Art. 273 et 56. C.-J. M. Cf. art. 59 et 58.

2. Il ne serait donc pas exact de dire, d'une manière absolue, que les militaires sont exclus du bénéfice du sursis, par cela seul qu'ils sont militaires.

3. Cass. 5 mars 1892. D. 92, 1, 338 (et le rapport très complet de M. Bernard) ; 29 juillet 1892. D. 93, 1, 157.

4. Dans le sens de la jurisprud. : Nègre et Gary, p. 75. Brocard, Boulard (*J. des Parquets*, 1891, p. 166). André, p. 112. Delalande, p. 68. Carré (*Moniteur des Juges de Paix*, 1891, p. 193 et 261). Pabon (*Loi* du 4 nov. 1891), de Forcrand, p. 113, Dalloz, Rep. Supp. v° *Peine*, n. 250. En sens contraire : Brégeault, Laborde, Locard, n. 52. Capitant, Mahoudeau (*J. des Parquets*, 1891, p. 93). Bassia, Gardeil (*Rev. crit.*, 1893, p. 3).

Esprit de la loi. — Au cours des travaux préparatoires, il n'a pas été fait mention une seule fois des contraventions ; et, en effet, elles sont absolument en dehors des préoccupations de la loi : elles n'intéressent pas la question de la récidive ; leur réitération ne constitue en aucune manière un danger social. Loin de se justifier par le but à atteindre, le sursis serait, en pareil cas, contraire à l'intérêt général : la répression immédiate de ces très légers manquements à des lois de police s'impose, en effet, par les raisons mêmes qui l'ont fait édicter. Observons enfin que l'emprisonnement en matière contraventionnelle ne présente pas les inconvénients auxquels on a voulu remédier, car il n'a rien de déshonorant, ne déclasse pas le condamné, et il est de trop courte durée pour avoir une influence fâcheuse sur son moral (1).

Texte. — Ces considérations, à elles seules, seraient peut-être insuffisantes ; mais on doit les retenir pour corroborer l'argument de texte. Le système opposé invoque surtout l'article 1er qui autorise le sursis en cas de condamnation à l'emprisonnement ou à l'amende de la manière la plus générale (2). Mais il ne faut pas isoler ce

---

1. La peine de prison n'est d'ailleurs, en principe, édictée au cas de contravention que si le prévenu est en état de *récidive :* ce sont donc les *récidivistes* qui profiteraient de la suspension dans cette hypothèse, puisqu'une précédente condamnation à cette même peine, pour contravention également, ne fait pas d'obstacle au sursis : résultat qui serait au moins bizarre. Quant à la suspension d'une simple amende de police, elle aurait quelque chose de dérisoire.

2. Il tire aussi un argument *a contrario* de l'article 7 : il a fallu un texte formel pour refuser le sursis aux délinquants mili-

texte des autres dispositions qui en déterminent la portée. Or, il est manifeste que la loi tout entière n'a visé que les crimes et les délits : ainsi, c'est une condamnation antérieure pour *crime ou délit* qui fait obstacle à un sursis ; c'est une condamnation ultérieure pour *crime ou délit*, qui en fait perdre le bénéfice. Une condamnation pour contravention ne prive pas du sursis, et n'en fait pas décheoir : ce serait donc l'impunité accordée au contrevenant, pourvu qu'il se tienne dans le domaine des infractions de simple police : il paraît évident que la loi exige, pour la condamnation conditionnelle, une infraction de même ordre que pour les deux autres. Il y a là une corrélation certaine. Plus loin, les textes parlent des *peines accessoires et incapacités*, du *casier judiciaire*, de *l'avertissement* pour le cas de *récidive* dans les termes des articles 57 et 58 (c'est-à-dire de récidive criminelle ou correctionnelle). Aucune de ces dispositions n'a de sens en matière contraventionnelle, et montrent bien que le texte de la loi, éclairé d'ailleurs par son esprit, ne vise que les crimes et les délits.

Une dernière remarque complète la démonstration : la durée du sursis est de cinq ans ; le législateur a choisi ce terme, parce qu'il est précisément celui de la

---

taires ; cette exception unique et précise confirme la règle. On oublie, en raisonnant ainsi, que les infractions militaires rentraient dans les prévisions de l'ensemble de la loi : il était donc nécessaire de mentionner expressément l'exception dont elles sont l'objet. Au contraire, les contraventions se trouvant implicitement exclues, tant par le texte que par les travaux préparatoires, il a paru inutile de formuler une exception qui ressort d'elle-même.

prescription des peines correctionnelles. Or, en matière de simple police, la prescription de la peine est de deux ans : après deux ans, le condamné échapperait ainsi à toute chance d'exécution ; pour lui, la suspension produirait un effet comminatoire, non pendant cinq années comme la loi le veut, mais pendant deux ans seulement. Une telle conséquence est inadmissible et suffirait à condamner le système qui y conduit nécessairement (1).

Je me borne à ces notions générales, sans insister sur de nombreuses objections (2) de détail que font respectivement les partisans de chaque système : la question, tranchée par la jurisprudence, ne présente plus en effet d'intérêt pratique (3).

161. — *Contraventions de grande voirie.* — Les mêmes considérations doivent conduire à exclure de la suspension les peines prononcées par les conseils de préfecture, pour *contraventions de grande voirie.* Pas plus que les

---

1. Cet argument ne peut plus être invoqué, si l'on admet que le sursis a pour effet de suspendre la prescription (V. *infra*, n° 208).

2. Dans le système que je combats, on allègue qu'en Belgique le sursis est appliqué en matière de contravention. L'objection ne porte pas : en effet, les trav. prép. de la loi belge indiquent que le législateur a voulu cette solution (Locard, p. 54, note 2). D'autre part, le texte de la loi belge diffère trop de celui de la loi française pour qu'il soit possible de raisonner par analogie : ainsi, notamment, la durée de la suspension étant fixée par le tribunal, celui-ci peut faire coïncider le délai de sursis avec celui de la prescription (Cf. *Pasicrisie*, 91, 3, 90).

3. Le projet de révision du C. P. semble exclure la condamnation conditionnelle du domaine des contraventions : la peine des *arrêts de police*, c'est sous ce nom qu'il désigne l'emprisonnement de simple police, ne figure pas parmi les peines susceptibles de sursis. En législation, je ne conçois guère en effet qu'il puisse

contraventions de simple police, elles ne rentrent dans les prévisions du législateur.

SECTION III

Quelles peines peuvent être suspendues.

162. — Les tribunaux peuvent ordonner qu'il sera sursis à l'exécution de la peine en cas de condamnation à l'*emprisonnement* ou à l'*amende* (art. 1, § 1ᵉʳ).

§ 1. — **Emprisonnement.**

163. — Il s'agit ici de l'*emprisonnement* dans le sens technique du mot, et non des autres peines privatives de liberté comme par exemple la *réclusion*. Le texte et les travaux préparatoires sont formels. On ne s'explique pas que la question ait pu faire doute (1).

164. — Le sursis peut être ordonné quelle que soit la durée de la peine d'emprisonnement prononcée; mais il ne peut l'être pour *une partie* seulement (2). Rien dans

être question de ce système dans cet ordre d'idée. On objecte vainement qu'il n'est pas logique de refuser aux contrevenants une faveur concédée aux prévenus de crimes ou délits : c'est oublier que le sursis n'est pas une pure faveur, mais une mesure d'ordre public qui, loin d'avoir une raison d'être, dans la matière des contraventions, pourrait compromettre sérieusement les intérêts protégés par les lois de police.

1. Cass. 20 janvier 1892. D. 93, 1, 583. Cet arrêt casse, par voie de retranchement, un arrêt de la C. d'assises du Rhône, du 3 décembre 1892, qui avait ordonné le sursis à l'exécution d'une peine de *réclusion*.

2. Cf. Lyon, 20 février 1893. D. 93, 2, 512. Sic, Delalande, p. 30.

la loi n'autorise les juges à procéder ainsi. Un sursis partiel né remplirait pas le but cherché, et ne serait qu'une sorte de libération conditionnelle. Le domaine des deux institutions doit demeurer distinct.

165. — Pour être susceptible de sursis, l'emprisonnement doit avoir le caractère d'une *peine* véritable. Il ne peut donc être question de suspension pour la *contrainte par corps*, ni pour l'*envoi en correction* du mineur acquitté en vertu de l'article 66 du code pénal.

166. — Mais on doit au contraire reconnaître le caractère d'emprisonnement correctionnel, à la peine prononcée contre le mineur de seize ans, par application des articles 67 et 69. Ainsi que nous l'avons déjà observé, le mode particulier d'exécution de cette détention ne modifie pas sa nature ; la loi la qualifie d'emprisonnement. Il faut admettre qu'elle est comprise dans les termes de l'article premier et que son exécution peut être suspendue.

La question ne saurait être sérieusement contestée pour le cas de l'article 69. Mais on peut objecter, dans l'hypothèse de l'article 67, que la durée de cette détention pouvant atteindre vingt années, il ne s'agit plus de l'emprisonnement correctionnel (1), et qu'on est ici en

---

1. L'emprisonnement correctionnel n'est pas limité à cinq ans, puisqu'en cas de récidive, il peut être porté au double. On peut même imaginer une hypothèse où le sursis pourrait théoriquement être ordonné en cas de condamnation à dix ans : il faut supposer un individu condamné pour fait politique à plus d'un an de prison, et qui commettrait dans les cinq ans une infraction passible de l'emprisonnement : le tribunal pourrait le faire bénéficier du sursis, tout en appliquant les peines de la récidive (V. Locard, p. 34).

dehors des prévisions de la loi. J'estime qu'il n'y a pas lieu de s'arrêter à cette difficulté : il faut s'en tenir à la qualification que donne la loi elle-même.

Rien ne démontre que le législateur de 1891 ait voulu limiter le sursis aux peines de cinq ans : sans doute il n'a pas songé à l'hypothèse qui nous occupe ; ce n'est pas à dire qu'il ait entendu l'exclure du domaine de la condamnation conditionnelle. En pratique, il serait choquant que la suspension soit ordonnée, quand le crime est assez grave pour entraîner une condamnation supérieure à cinq années. Mais c'est là une considération de fait qui laisse intact le principe. Le caractère facultatif du sursis suffit à prévenir les inconvénients de ce système (1).

167. — Il me reste à examiner une question d'un intérêt plus théorique que pratique, celle de savoir si l'emprisonnement peut être suspendu, lorsqu'il est adjoint à la *dégradation civique* prononcée comme peine principale (art. 35, C. P.)? Je la résoudrai par la négative : l'ensemble de la loi montre que l'emprisonnement n'a été envisagé que comme peine principale. Dans le cas exceptionnel où il joue le rôle de peine complémentaire, il doit suivre le sort de la peine à laquelle il est attaché (2).

---

1. Cette solution est généralement adoptée par les auteurs. V. cependant, en sens contraire, Brégeault.

2. Il est à remarquer d'ailleurs que la suspension n'aurait pas de raison d'être lorsque l'emprisonnement est facultatif ; et, lors qu'il est obligatoire, c'est-à-dire lorsque le condamné est un étranger, le but même de cette disposition ne permet pas de songer au sursis.

§ 2. — Amende.

168. — Le sursis peut être ordonné quel que soit le taux de l'amende appliquée. Mais, ainsi que je l'ai déjà observé, il ne peut se diviser et porter sur une fraction de l'amende, l'autre partie demeurant exigible (1).

Le sens du mot *amende* n'est pas aussi précis que celui du mot *emprisonnement*. Il faut donc rechercher quelles amendes comprend le texte de notre article.

I. — Amendes répressives.

169. — Le rapprochement des termes, emprisonnement et amende, et le but de la loi indique suffisamment que le sursis n'est autorisé qu'à l'égard des amendes ayant le caractère *répressif*, c'est-à-dire de celles qui, édictées pour la réparation d'une infraction proprement dite, sont prononcées par jugement, après constatation préalable de la culpabilité de celui qu'elles atteignent (2).

La suspension est donc inapplicable aux amendes purement *civiles*, *disciplinaires*, ou de *procédure*. Aucun doute sur ce point.

Il peut se rencontrer certaines hypothèses où il est fort

---

1. La Cour de Lyon a réformé un jugement du trib. de Saint-Étienne, qui avait ordonné, dans ce cas, un sursis partiel : 20 février 1893. D. 93, 2, 512. En législation, rien ne s'oppose à cette solution qui présenterait l'avantage de frapper le condamné d'une sanction immédiate, tout en le laissant sous la menace d'avoir à payer l'autre fraction de l'amende.

2. V. Garraud, I, p. 570.

délicat de déterminer le vrai caractère de l'amende, lorsqu'elle est édictée par des lois étrangères au droit pénal, ou lorsque son application est confiée aux juridictions civiles. Pour les mêmes motifs, il est quelquefois difficile de décider si le fait passible d'amende est, ou non, une véritable infraction pénale. La question de savoir si le sursis est possible peut donc demeurer douteuse. Il n'entre pas dans mon plan d'insister sur ce point. Je me borne à énoncer le principe, et à renvoyer aux traités de droit pénal pour les difficultés d'application (1). J'ajoute que, dans le doute, les juges devront s'inspirer de l'esprit de notre loi qui est évidemment étrangère au plus grand nombre de ces amendes d'un caractère incertain.

II. — Amendes fiscales.

(Douanes, contributions indirectes, octroi).

170. — De la règle posée plus haut, il résulte que le sursis sera autorisé en ces matières, si ces amendes ont un caractère vraiment pénal. Or, la difficulté vient précisément de la nature mixte que leur attribue la jurisprudence ; elle les traite, comme on sait, tantôt comme des *peines*, tantôt comme des *réparations civiles*. Notre loi vient ainsi apporter à la théorie des *amendes mixtes* un nouvel élément de discussion. Quel est donc, au point

---

1. La question est assez longuement traitée dans Delalande p. 50 et s. Cf. Dalloz. Rep. vᵒ *Délit*, n. 12 et s. Sourdat, *Traité de la Responsabilité*, I, chap. III.

de vue du sursis, celui de ces deux caractères qu'il convient de leur reconnaître (1) ?

La Cour de Cassation les considère ici, *moins comme des peines que comme des réparations civiles ;* et, en conséquence, elle ne permet pas d'en ordonner la suspension, car d'après l'article 2 de la loi, celle-ci ne comprend pas les dommages-intérêts (2).

Cette jurisprudence peut être contestée ; rien, en effet, n'interdit aux administrations fiscales de conclure à des *indemnités,* indépendantes de l'amende. L'argument tiré de l'article 2 est donc faible. D'autre part, en acceptant même comme exacte la théorie des amendes mixtes, telle qu'elle résulte des arrêts, on ne peut méconnaître qu'elle n'attribue à l'amende fiscale un caractère pénal au moins prépondérant (3). Ici, la proposition est renversée : c'est, dit la Cour de Cassation, le caractère *indemnité* qui l'emporte sur l'autre. Enfin, il faut noter que la loi du 30 mars 1888, en permettant d'appliquer l'article 463 aux peines prononcées pour infraction en

---

1. Je n'ai pas à faire ici la critique de cette théorie ; mais il est certain que ces amendes ne peuvent être à la fois des peines et des indemnités ; il faut nécessairement choisir entre l'un ou l'autre de ces deux autres caractères qui s'excluent. (V. Garraud, I, p. 577 et s.

2. Cass. 19 nov. 1891. D. 92, 1, 109 (Concl. conf. très complètes de M. Baudoin). 22 déc. 1892. D. 93, 1, 157. Bordeaux, 14 avril 1891, Bourges, 17 déc. 1891, D. 92, 2, 61. Douai, 12 janvier 1892. D. 92, 2, 286.

3. C'est ainsi qu'elle le traite comme des peines : en ne permettant pas de les prononcer *contre les héritiers* du délinquant ; au point de vue de la *prescription* (Cass., 10 déc. 1890, D. 91, 1, 102 et les concl. de M. Desjardins) ; *de la contrainte par corps* (Cass., 22 juillet 1874, D. 75, 1, 168. Sourdat, *l. c.,* n. 199), etc.

matière de contributions indirectes, a reconnu aussi clairement que possible aux amendes de cette catégorie le caractère de peine. Conçoit-on des dommages-intérêts modifiés par une déclaration de circonstances atténuantes ? (1)

Aussi, la plupart des auteurs sont-ils d'accord pour critiquer le système de la jurisprudence sur le point qui nous occupe (2). En pratique, on doit reconnaître que l'application du sursis dans des matières si contraires à sa raison d'être, n'aurait pu avoir que des inconvénients (3). La répression y est édictée, moins en raison de l'immoralité des faits, que pour satisfaire à des nécessités fiscales. La loi de 1891, destinée à un tout autre but, pouvait donc ici porter une atteinte sérieuse aux droits du trésor; et on s'explique la résistance désespérée des administrations financières aux tentatives faites pour lui don-

---

1. L. du 30 déc. 1888 (budget de 1888), art. 42 (Cf. l. 22 déc. 1890, qui restreint dans une certaine mesure le principe posé par la loi précédente). On a présenté cette loi comme un accident législatif, comme une improvisation regrettable, enlevée par surprise dans le vote de la loi budgétaire. On ne peut méconnaître cependant sa portée, en ce qui touche la théorie des amendes mixtes. Comme le disait M. l'Avocat général Desjardins (concl. citées *supra*), quand le pouvoir judiciaire pose certains principes de droit, et que le pouvoir législatif donne un coup de hache dans ces principes, il faut s'incliner.

2. Locard, n. 44 et 45. Gary, p. 53. André, p. 106. Laborde (*Rev. crit.*, 1892, p. 212). Gardeil (*Rev. crit.*, 1893, p. 3).

3. C'est ainsi que l'expérience a démontré que la loi précitée de 1888 a des résultats déplorables : elle favorise la fraude, diminue le produit de l'impôt, décourage la surveillance (Rapp. de M. Boulanger au Sénat, 3 déc. 1890). Le sursis aurait eu des conséquences analogues.

ner une telle extension. Ces considérations ont pu influer dans une certaine mesure sur le système adopté par la cour suprême.

III. — Amendes forestières.

171. — Le caractère vraiment répressif des amendes forestières ressort des dispositions mêmes du Code forestier, qui a soin de les distinguer formellement des restitutions et dommages-intérêts, et les attribue toujours à l'Etat alors même qu'il n'est pas partie lésée. L'ensemble des principes qui les régissent, les termes même dont se sert la loi ne permettent pas d'hésiter à cet égard (1).

Il faudrait donc décider qu'elles peuvent être affectées d'un sursis. La jurisprudence cependant ne l'admet pas, et dans cette hypothèse comme dans la précédente, elle les exclut du domaine de notre loi, en déclarant qu'elles participent dans *une certaine mesure du caractère de réparations civiles* (2). Ce système, difficile à justifier en théorie, se fonde assurément sur les considérations de fait

---

1. C. forest., art. 204. Cf. en outre, art. 6, 33, 37, 101, 159, 177, 199, 202, 206, 210 et s., etc...

2. Cass , 22 déc. 1892. D. 93, 1, 157 (concl. contr. de M. Sarrut). Riom, 18 mai 1892. D. 93, 2, 25. On peut remarquer qu'il est insuffisant d'affirmer que les amendes forestières ont dans *une certaine mesure* le caractère d'indemnité, il faudrait au moins établir que ce caractère prédomine. Aussi, la Cour n'a-t-elle pu invoquer ici l'article 2, et pour refuser le sursis, elle est obligée d'invoquer les dispositions particulières du C. forest., notamment le droit *de transaction* qui appartient à l'administration. Toute cette argumentation déplace la question, et ne tranche pas le point, seul intéressant, de savoir si ces amendes sont oui ou non des peines.

que nous venons d'examiner. La Cour de Cassation a voulu ici encore interdire à la condamnation conditionnelle le domaine d'infractions tout à fait spéciales, étrangères au but de la loi, toutes les fois au moins que l'emprisonnement n'est pas prononcé.

IV. — Amende en matière criminelle.

172. — L'amende est quelquefois édictée en matière criminelle, comme peine complémentaire. La suspension peut-elle en être ordonnée ? Je ne lé crois pas (1), toutes les fois au moins que la peine à laquelle elle est jointe n'est pas elle-même susceptible de sursis. L'amende est alors une vraie peine *criminelle* (art. 11, C. P.). Or, l'ensemble de la loi démontre que l'amende y a été envisagée sous le même jour que l'emprisonnement, c'est-à-dire comme *peine correctionnelle*. L'utilité de la suspension en pareil cas est d'ailleurs difficile à concevoir.

§ 3. — Emprisonnement et amende.

173. — J'ai dit que les tribunaux ne pouvaient ordonner le sursis pour une partie seulement de la peine. Mais lorsque l'amende et l'emprisonnement sont prononcés à la fois, ne peuvent-ils pas, du moins, décider qu'il sera sursis à l'exécution de l'une seulement de ces deux peines ?

On peut voir une raison de douter dans l'ensemble de

----

1. *Contra*, Delalande, p. 27.

la loi, qui crée un système complet, à accepter en bloc, et auquel cette suspension d'une peine seulement, peut porter atteinte. La condamnation ne saurait être d'ailleurs en partie conditionnelle et en partie pure et simple.

Je crois qu'il ne faut pas s'arrêter à cette objection.

Au fond, ce n'est pas la condamnation qui est affectée d'une condition suspensive, mais l'*exécution*. On ne peut concevoir en effet, que l'exécution d'une même peine soit pour partie conditionnelle, et pour partie pure et simple ; mais, lorsqu'il y a *deux peines*, c'est-à-dire *deux exécutions* distinctes, rien n'empêche que l'une de ces exécutions soit immédiate, tandis que l'autre sera suspendue (1). En pratique, ce système a l'avantage de permettre au juge de combiner l'infliction immédiate qui donne pleine satisfaction à la justice, avec la peine comminatoire qui laisse planer la menace sur le condamné. Le système du tout ou rien risquerait d'aller contre le but de la loi : le juge peut être conduit à trouver excessif un sursis pour les deux peines, et obligé par sa conscience à refuser pour le tout une suspension qu'il aurait voulu diviser.

La Cour de Cassation a consacré l'opinion que je propose (2) et qui est généralement admise par les auteurs.

---

1. Il est à noter que cette conséquence se serait forcément produite si la proposition Bérenger avait été admise dans sa forme primitive, puisqu'elle n'autorisait le sursis que pour l'emprisonnement. On ne peut donc la juger contraire au système de la loi.

2. Cass. 14 mai 1892. D. 92, 1, 523. Trib. de Brives, 16 octobre 1891 (*Lois Nouv.*, 92, 2, 20).

SECTION IV

Compétence, Procédure et formalités.

§ 1. — Quelles juridictions peuvent prononcer une condamnation conditionnelle.

174. — La loi se borne à formuler une règle générale de compétence : « *Les Cours et tribunaux peuvent ordonner..... qu'il sera sursis à l'exécution* » (Art. 1, § 1).

L'article 7 contient une exception, et dispose que les tribunaux militaires ne peuvent prononcer une condamnation conditionnelle. Il faut conclure de là que toutes les juridictions, sauf les tribunaux militaires, sont compétentes pour appliquer la loi de sursis.

.I. — Règle générale.

175. — La formule de la loi comprend donc non-seulement : 1° Les tribunaux *répressifs ordinaires* (tribunaux correctionnels, cours d'appel statuant en matière correctionnelle, cours d'assises) ; mais encore : 2° les *juridictions civiles*, lorsque exceptionnellement elles sont appelées à prononcer une peine (1) ; 3° les *juridictions répressives spéciales* (Haute Cour de justice, tribunaux maritimes commerciaux (2), tribunaux consulaires dans les pays hors chrétienté) (3).

---

1. Nègre et Gary (chap. 7 et 8), semblent contester ce point.

2. La question aurait pu être douteuse, en raison du caractère quelque peu militaire de ces juridictions : Une circ. du ministre de la marine du 12 août 1891, se prononce formellement dans le sens de la compétence.

3. V. Vincent et Penaud, *Dict. de Droit Intern. priv.* v° *pays*

176. — Les *tribunaux de simple police* ont, comme les autres, la faculté d'ordonner un sursis; en fait, les contraventions n'autorisant pas la condamnation conditionnelle, ils n'auront guère à en user. Ils le pourraient cependant, dans le cas de *délit* d'audience, ou bien dans les colonies où ils ont une compétence étendue qui leur permet de statuer en matière correctionnelle, pour certaines infractions (1).

II. — **Tribunaux militaires** (art. 7).

177. — L'expression de tribunaux militaires comprend, non seulement les conseils de guerre, mais toutes les juridictions répressives de l'armée de terre et de la marine.

Les dispositions de notre loi concernant le sursis ne sont pas applicables aux condamnations prononcées par ces tribunaux. Mais l'incompétence qui résulte de cette règle est-elle absolue ? Faut-il dire que les tribunaux militaires ne peuvent ordonner un sursis même lorsque, par exception, ils ont à juger des individus non militaires (2) ? Nous retrouvons ici, sous un nouvel aspect (3), la difficulté que fait naître l'interprétation de l'article 7.

Dans l'hypothèse examinée plus haut, l'esprit de la loi et diverses considérations juridiques nous ont conduit

---

hors chrétienté; Dalloz, Rep. et Supp. v^{is} *Consul.;* Garraud, I, p. 209 et s. V. aussi loi du 28 mai 1836.

1. D. du 19 août 1854 (art. 2). L. du 27 mars 1883 (art. 3). V. dans le sens de notre opinion, Laborde (*Rev. crit.*, 1892, p. 219). Cf. *Moniteur des Juges de paix*, 1892, p. 5.

2. C. J. M, art. 77. L. du 9 août 1849 et 3 avril 1878, sur *l'état de siège.*

3. V. *Supra,* n° 156 et s.

à étendre l'exception prévue par cet article à des cas que son texte ne prévoit pas. Dans l'hypothèse actuelle, aucune raison sérieuse ne peut autoriser à la restreindre : l'interdiction pour les tribunaux militaires d'appliquer la loi de sursis est édictée d'une manière absolue ; ils n'ont donc pas à se préoccuper de la qualité de non-militaire chez le délinquant. Sans doute, on peut trouver dur qu'une exception de procédure prive un individu du privilège qu'il aurait eu devant la juridiction civile. L'objection ne porte pas, si l'on songe qu'en déférant des civils à un tribunal militaire, le législateur obéit, en général, à une pensée de rigueur (1). Il est donc conforme au but poursuivi de ne pas leur accorder la faveur qu'ils auraient pu obtenir devant d'autres juges (2). Quoiqu'il en soit, le texte est trop formel pour qu'il soit possible d'y déroger, en suivant des inductions plus ou moins problématiques.

III. — **Tribunaux des colonies.**

178. — « *La présente loi,* dit l'article 6, *est applicable aux colonies où le Code pénal métropolitain a été déclaré exécutoire en vertu de la loi du 8 janvier 1877 (3). Des*

---

1. Par exemple en cas de proclamation d'état de siège.

2. On peut objecter que le non-militaire pourra bénéficier de l'article 463 dans les cas mêmes où les justiciables des tribunaux militaires en seraient privés (C. J. M. art. 198). La loi a donc pour les premiers des douceurs qu'elle refuse aux seconds. Mais on ne saurait tirer de là argument contre notre système : on peut observer en effet qu'il a fallu précisément un texte spécial pour autoriser l'application générale de l'article 463 aux prévenus civils. A défaut d'exception formelle, ils sont traités comme les autres. C'est le cas de l'article 7.

3. Guadeloupe, Martinique, Réunion.

décrets statueront sur l'application qui pourra en être faite aux autres colonies. »

Un décret du 24 avril 1891, rendu en conformité de ce texte, a étendu l'application de notre loi à la *Guyane*, au *Sénégal*, à *Saint Pierre et Miquelon*, au *Congo français*, à *Mayotte*, à *Diégo-Suarez* et dépendances, à la *Cochinchine*, à la *Nouvelle-Calédonie*, à *Obock*, aux pays de protectorat de *l'Indo-Chine*, ainsi qu'aux établissements français dans l'*Inde* et l'*Océanie*.

En ce qui concerne l'*Algérie*, la loi de 1891, modificative du Code pénal, s'y trouve de plein droit exécutoire. Une promulgation spéciale a d'ailleurs été faite (1).

Enfin, pour la *Tunisie* et *Madagascar*, les tribunaux français institués par les lois du 27 mars 1883 et du 2 avril 1891, ont compétence, comme les tribunaux de la Métropole, pour prononcer une condamnation conditionnelle.

§ 2. — **Procédure et formalités.**

I. — **Procédure.**

179. — La loi ne prescrit aucune procédure particulière, préalablement à la condamnation conditionnelle. Elle n'interdit pas, notamment, la procédure expéditive des *flagrants délits* (2). Il appartiendra aux magistrats

---

1. *Bull. off. de l'Algérie*, 21 juin 1891. V. sur la question, Locard, p. 10.

2. Cf. L. du 27 mai 1885, article 11. En pratique, il est difficile que, dans la hâte de l'audience les magistrats puissent prononcer utilement une condamnation conditionnelle, s'ils n'ont pas sous

d'apprécier en fait, si elle leur fournit des éléments d'appréciation suffisants, et s'il ne convient pas de recourir à une information régulière.

180. — *Jugement de défaut*. — Le sursis peut-il être ordonné par un jugement de *défaut* ? L'article 3 semble bien supposer que le prévenu est présent à l'audience, pour y recevoir l'avertissement qu'il prescrit. Mais la loi n'a voulu viser que le cas le plus ordinaire : le sursis n'étant pas une *admonition*, ni une pure faveur, mais une mesure d'intérêt général, ne doit pas être subordonné à la présence du délinquant (1). En fait, les juges ne seront guère disposés à rendre une décision de sursis, lorsque le coupable sera absent sans excuses valables.

181. — *Appel*. — Le sursis peut être ordonné en *appel*. Réciproquement, il peut être supprimé sur l'appel du ministère public ; mais non sur celui du prévenu seul. En effet, même coïncidant avec une réduction de peine, la suppression du sursis constituerait une aggravation de fait dans le sort du condamné (2).

Mais j'estime que, si au lieu de réduire la peine, les juges d'appel en prononcent une autre moins grave, —

---

les yeux un dossier plus complet que ne le sont les dossiers des flagrants délits.

1. La pratique semble admettre cette solution. V. dans le même sens : Delalande, p. 30. Locard, n. 35. Nègre et Gary, p. 71. André, p. 147. Dalloz, *l. c.* v° *Peine*, n. 270.

2. Il est inadmissible que, moyennant une réduction de peine de 24 heures, par exemple, la Cour puisse priver l'appelant du bénéfice obtenu en première instance. Il n'y a pas compensation. La combinaison de la règle que l'appel du prévenu ne peut empirer son sort, avec la faculté de sursis, peut donner lieu d'ailleurs à des difficultés dans le détail desquelles je ne puis entrer.

l'amende au lieu de l'emprisonnement, —ils pourront ne pas maintenir à l'égard de cette peine nouvelle la suspension qui affectait l'autre. Le prévenu ne saurait se plaindre que son appel a aggravé sa situation, puisqu'il bénéficie d'une peine d'ordre inférieur. D'autre part, le sursis est toujours facultatif pour les juges, et on ne peut contraindre la Cour à ordonner une suspension qui ne s'étendait pas de plein droit à la nouvelle peine.

II. — Formalités.

182. — Le sursis doit être prononcé par le *même jugement* qui a statué sur la culpabilité et appliqué la peine (art. 1, § 1ᵉʳ). Cette règle va de soi, car, une fois le jugement rendu, les juges sont dessaisis.

183. — *Décision motivée.* — La loi ajoute que la décision de sursis doit être *motivée*. Cette prescription légale est encore superflue, car il est de principe que les sentences de justice sont motivées (1). Les motifs du sursis doivent être donnés *en droit*, c'est-à-dire que le jugement indiquera si le condamné se trouve dans les conditions légalement requises pour bénéficier de la suspension ; et aussi, *en fait*. Bien que la loi ne subordonne la concession du sursis à aucune condition de fait, l'obligation pour le juge de motiver sa sentence existe pour le fait aussi bien que pour le droit ; d'ailleurs, le sursis étant toujours facultatif, n'est-il pas nécessaire que les

---

1. L. du 27 avril 1810, art. 7.

magistrats fassent connaître quelles raisons les ont déterminés à accorder cette faveur (1).

184. — *Avertissement.* — Enfin, aux termes de l'article 3, la décision de sursis doit être accompagnée d'un
avertissement : le président fera connaître au condamné
les conséquences qu'aurait pour lui une rechute dans les
conditions prévues par la loi.

Cet avertissement sera utile au coupable qui comprendra ainsi en quoi consiste exactement la faveur obtenue.
Pour le public, il servira de commentaire à la mesure
d'indulgence dont il est témoin, et qu'il ne pourra confondre avec un acquittement.

Mais, si utile que soit l'avertissement, il n'est pas
indispensable, puisqu'en définitive il ne constitue que
l'explication de la loi, censée connue par tous. Je ne
pense donc pas qu'il soit requis à peine de nullité (2) :
l'inobservation de cette formalité, qui ne paraît pas substantielle, ne compromet, en effet, aucun intérêt.

---

1. *Contra*, Nègre et Gary, p. 88, Laborde (*Rev. Crit.*, 1892, p. 227,
et *Cours Élément.* n. 47). Les motifs de fait ont une importance
toute particulière dans le cas de sursis ; d'une part, ils appellent
l'attention du juge sur les circonstances qui le déterminent à user
de son pouvoir ; d'autre part, ils servent à justifier aux yeux du
public une mesure choquante en apparence.

2. *Sic* Delalande, p. 96. *Contra*, Locard, n. 67 et Dalloz, *l. c.*
v° *Peine*, n. 268. On s'appuie dans cette dernière opinion sur la
forme impérative de l'article 3. L'argument a peu de valeur si
l'on songe qu'il existe dans nos lois nombre de dispositions con-
çues en termes impératifs, et qui ne sont pas cependant considé-
rées comme prescrites à peine de nullité (V. par ex. le cas des art.
311 et 314, C. Instr. Cr.).

CHAPITRE II

EFFETS DE LA CONDAMNATION CONDITIONNELLE PENDANT LA
PÉRIODE DE SUSPENSION.

185. — Nous avons à étudier les effets de la condamnation conditionnelle au point de vue : 1° *de la peine principale ;* 2° *des peines accessoires, des frais et dommages-
intérêts, du casier judiciaire ;* 3° nous nous occuperons
enfin de *la période de suspension elle-même,* de sa durée,
de son point de départ, et des caractères du sursis.

SECTION I

Suspension de l'exécution de la peine principale.

186. — L'effet principal et immédiat de la décision de
sursis est de suspendre l'exécution de la peine d'emprisonnement ou d'amende. J'étudierai séparément ces deux
hypothèses.

§ 1. — Sursis à l'exécution de l'emprisonnement.

187. — Le condamné peut se trouver, soit en état de
détention préventive, soit *libre.*

I. — Condamné détenu préventivement.

188. — Le jugement qui ordonne le sursis met fin à la détention préventive. C'est au ministère public qu'il appartient de faire exécuter cette décision : mais doit-il attendre qu'elle soit devenue définitive? est-il tenu au contraire de procéder, comme au cas d'acquittement, en assurant la mise en liberté immédiate?

J'estime que le ministère public a la faculté, mais n'est pas obligé de mettre en liberté le détenu bénéficiaire d'un sursis, avant l'expiration des délais d'appel.

a). — Il a la faculté de le faire: bien que le jugement ne soit pas irrévocable, rien ne s'oppose à ce qu'il soit exécuté en ce qui concerne le sursis, puisque loin de nuire au condamné, l'exécution immédiate, qui se traduit par une mise en liberté, lui est avantageuse.

b). — Mais le ministère public n'est pas tenu de procéder ainsi ; il peut maintenir le condamné en détention pendant les délais d'appel, et s'il y a appel, jusqu'à l'arrêt. Tant que le jugement est susceptible d'être attaqué, il n'a qu'une valeur relative : l'effet de l'appel est de tout remettre en question, le sursis comme le fond de l'affaire. Or, puisque la loi accorde au ministère public un certain délai pour user de ce droit, on ne saurait le contraindre à mettre le détenu en liberté, pendant cette période où l'autorité du jugement n'est que provisoire (1).

---

1. *Dans ce sens*, Chambéry, 14 juin 1891, D. 92, 2, 297. Delalande p. 99. Locard, n. 82, de Forcrand, p. 193. Dutruc (*J. du Minist. public,* 1891, p. 130). *Contra*, Nègre et Gary, p. 71. Chesney (*Rev. Crit.*, 1892, p. 107). Laborde (*Rev. Crit.*, 1892).

D'ailleurs, le Code d'instruction criminelle ne prescrit la liberté immédiate qu'au cas d'*acquittement* (art. 206). Or, la condamnation conditionnelle n'est pas un acquittement (1). L'article 206, dont la disposition exceptionnelle ne doit pas être étendue arbitrairement, ne saurait être invoqué ici.

189. — Cette solution peut sembler rigoureuse et contraire à l'esprit de la loi : le condamné se trouvera maintenu en prison, plusieurs semaines encore peut-être, alors que les juges ont estimé ce séjour inutile ou dangereux. L'effet de la condamnation conditionnelle peut se trouver amoindri, et même quand il s'agira de peines légères, tout-à-fait paralysé. Les principes ne permettent pas d'en adopter une autre. En pratique, les inconvénients de ce système seront peu sensibles, si les magistrats du Parquet prennent rapidement parti sur la question de l'appel, et n'usent de leur droit de maintenir le condamné en détention qu'autant que cela leur paraîtra indispensable (2).

---

1. Elle n'est pas même, comme le dit Laborde, un *acquittement sous condition résolutoire* : car, alors même que la condamnation devient non avenue, elle n'en a pas moins existé et produit certains effets définitifs ; elle ne disparaît que par l'effet d'une réhabilitation légale. M. Chesney se demande de son côté si la loi de 1891 n'aurait pas abrogé implicitement, quant à la détention préventive, les règles ordinaires sur l'effet suspensif de l'appel : opinion qui ne paraît pas soutenable.

2. Notons d'ailleurs que l'appel, qui permet de soumettre à une plus haute juridiction les délicates questions que soulève l'opportunité du sursis, sera souvent nécessaire au bon fonctionnement de la loi, ainsi que M. Bérenger l'indiquait lui-même. Il serait donc fâcheux que le ministère public reste désarmé contre un

II. — **Condamné non détenu.**

190. — Dans ce cas, l'effet du sursis sera purement négatif ; le condamné non détenu doit demeurer libre. Une seule question se pose, pour le cas où l'inculpé était en *liberté provisoire sous caution* (C. Instr. C. art. 114). A-t-il droit au remboursement de la somme consignée ? Distinguons entre les deux parties du cautionnement.

a). — Le condamné a droit à la restitution immédiate de la première fraction, destinée à assurer sa représentation à tous les actes de la procédure et pour l'exécution. Sans doute, l'exécution est encore possible : mais le cautionnement est intimement lié à la liberté provisoire dont il était la condition. Or, l'état de liberté provisoire cesse avec la décision de sursis. Le cautionnement, destiné à servir de garantie contre l'inculpé laissé libre *par faveur,* n'a plus de raison d'être, lorsque la liberté est devenue pour celui-ci *un droit* qu'il tient du jugement lui-même (1).

b). — J'estime au contraire que la secondre fraction, dont l'objet est bien différent, ne doit pas être restituée.

---

condamné disposé à profiter de la mise en liberté pour fuir et éviter les conséquences d'un arrêt moins favorable. On ne peut dire qu'il dépend du ministère public d'anéantir, en faisant appel, les effets du sursis accordé par les juges, car la Cour saisie de l'appel aura le pouvoir d'accorder au détenu sa liberté provisoire (C. Instr. Cr. art 135). Il y aura ainsi un contrôle (V. Dalloz, Suppl. Rep. v° *Peine,* n. 283).

1. *Sic,* Delalande et Locard. J'adopte l'opinion de ces auteurs, mais pour d'autres motifs que ceux qu'ils invoquent. En Belgique, c'est aux tribunaux qu'il appartient de se prononcer sur la restitution du cautionnement. Pour éviter toute difficulté, il sera prudent que les tribunaux français agissent de même.

Elle ne constitue en effet qu'une avance pour le paiement des frais et de l'amende (1). Or, puisque le sursis ne modifie pas sur ce point les effets ordinaires de la condamnation, on ne voit pas pourquoi il dispenserait le bénéficiaire de faire ce paiement avec les derniers consignés précisément dans ce but (2).

§ 2. — Sursis à l'exécution de la peine d'amende.

191. — L'effet du sursis, dans ce cas, est de rendre non exigible le paiement de l'amende, et, par suite, de suspendre l'exercice de la contrainte par corps. Les agents chargés du recouvrement seront prévenus de cette situation par l'extrait du jugement qui mentionnera cette décision (3).

192. — Quel est l'effet du sursis sur *la solidarité* qui lie, aux termes de l'article 55 du C. Pénal, les condamnés pour un même délit, lorsqu'il n'aura été accordé qu'à l'un ou à plusieurs d'entre eux, à l'exclusion des autres? Je pense que la solidarité est conditionnellement suspendue comme l'exécution elle-même (4) : elle ne constitue, en définitive, qu'un moyen d'assurer le recouvrement des

---

1. A supposer, d'ailleurs, que celle-ci n'ait pas été comprise dans la suspension.

2. La question n'a guère d'intérêt pratique qu'au cas où le cautionnement a été versé par un tiers (C. Instr. Cr. art. 120). Quant au condamné, il lui importe peu de retirer les deniers consignés, puisqu'en définitive, il doit payer.

3. Circ. du Ministre de la Just., 17 janvier 1892 (*Bull. off.*, p. 3).

4. *Sic*, Delalande, p. 105. Locard, n. 43.

amendes. Or, d'une part, le bénéficiaire du sursis ne saurait être tenu solidairement de l'amende prononcée contre les non-bénéficiaires, puisque le lien de solidarité qui les réunit peut se trouver tranché par la loi elle-même, si la condamnation devient non avenue (1). D'autre part, on ne peut rechercher les non-bénéficiaires, par voie de solidarité, pour le paiement de l'amende suspendue, puisqu'elle n'est pas exigible. En fait, il serait injuste que la suspension accordée à quelques-uns seulement nuisit aux autres. C'est ce qui arriverait cependant si on maintenait la solidarité, puisque les non-bénéficiaires n'auraient pas de recours contre les condamnés admis au sursis, tant que l'amende ne serait pas exigible à leur égard ; et ils en seraient même définitivement privés, si, au bout de cinq ans, la condamnation devient pour ceux-ci non avenue (2).

SECTION II

Conséquences de la condamnation non comprises dans la suspension.

193. — Le sursis laisse produire au jugement ses effets ordinaires en ce qui touche : 1° les peines accessoires et incapacités ; 2° les frais et dommages-intérêts; 3° le casier judiciaire.

---

1. Il serait d'ailleurs contraire au but du sursis que les condamnés, dispensés de payer leur propre amende, soient néanmoins tenus de celle des autres.

2. On peut comparer cette situation avec celle qui se présente au cas où de divers condamnés à l'amende, l'un ou quelques-uns sont grâciés (D. Rep. Supp. v° *Grâce*, n. 17).

§ 1. — Peines accessoires et incapacités.

194. — La suspension ne comprend pas les *peines accessoires* et *incapacités* résultant de la condamnation (art. 2, § 2).

Bien que la formule de la loi ne soit pas d'une rigoureuse exactitude (1), les travaux préparatoires la précisent suffisamment. La pensée du législateur est celle-ci : la suspension pourra s'appliquer à la peine principale : elle ne comprendra pas les autres peines quelconques qui y sont adjointes dans certains cas. Il faut donc entendre par peines accessoires et incapacités : 1° *les peines accessoires* proprement dites, qui résultent de plein droit de la condamnation ; 2° *les peines complémentaires*, qui sont prononcées par le jugement, en vertu d'une disposition obligatoire ou facultative de la loi.

195. — A. — *Peines accessoires.* — Telles sont les incapacités en matière *électorale*, qui paraissent avoir surtout préoccupé le législateur, de *jury*, *d'enseignement*, *la déchéance obligatoire de la puissance paternelle,* etc.

196. — On s'est demandé si les incapacités édictées par la loi du 15 juillet 1889 (*sur le recrutement de l'armée*), devaient être comprises parmi les peines accessoires qui atteignent le condamné, nonobstant le sursis (2). L'affir-

---

1. Elle semble distinguer les peines accessoires des incapacités, alors que celles-ci sont précisément des peines accessoires.
2. M. Bérenger lui-même en doutait, et s'est efforcé de faire prévaloir l'interprétation contraire à celle que nous proposons.

mative, admise par l'autorité militaire (1), ne paraît pas douteuse. Il n'est pas possible de restreindre aux seules incapacités d'ordre civil (2), le sens de ce mot. Les condamnés conditionnels seront donc, soit exclus de l'armée, soit incorporés aux bataillons d'Afrique, suivant les distinctions de la loi militaire. C'est là une conséquence assurément regrettable de la non-suspension des incapacités (3). Pour beaucoup des jeunes condamnés, l'engagement volontaire serait la meilleure des solutions, et dans nombre de cas, le séjour à l'armée contribuerait mieux que toute autre mesure, à la réformation des coupables, objet principal des préoccupations de notre loi. L'incorporation aux bataillons d'Afrique, tant par les contacts fâcheux que par le mauvais renom qui s'y attache, ne remplira pas le même but, dans les cas où elle est possible.

197. — B. — *Peines complémentaires.* — Telles sont

---

1. Le Sénat a ratifié à deux reprises la décision ministérielle (Séance des 12 avril et 1er juillet 1892).

2. La discussion est d'autant moins autorisée que M. Bérenger a mentionné dans son rapport l'interdiction de contracter un engagement militaire, l'assimilant à l'interdiction de voter et autres analogues (Rapp., p. 16).

3. M. Berthélemy, dont l'opinion est si autorisée, a émis l'avis, à la Société des Prisons, que les réglements militaires devraient être modifiés en faveur des bénéficiaires de la loi Bérenger (*Bull. soc. pris.*, 1891, p. 744). La Société des Prisons s'est occupée à diverses reprises de cette question si pratique (V. Bull. 1892, p. 384, 524, 545, 669, et 1893, p. 762). On peut espérer au surplus que l'autorité militaire saura faire bénéficier les condamnés conditionnels de la disposition de l'art. 4 *in fine* de la loi sur le recrutement, qui lui permet, après une année, de renvoyer les incorporés aux bataillons d'Afrique, dans d'autres corps.

l'interdiction des droits de l'article 42 *du Code Pénal,* la *confiscation,* la *publicité du jugement,* la *déchéance facultative de la puissance paternelle, l'interdiction de séjour,* etc.

Dans les hypothèses où les peines complémentaires sont facultatives, la règle de la non-suspension n'offre guère d'intérêt, puisque le juge, libre de ne pas les prononcer, ne le fera qu'autant qu'il en jugera l'application indispensable, ou tout au moins sans inconvénient grave pour le bénéficiaire du sursis.

C'est ainsi qu'en principe on comprendrait difficilement que l'*interdiction de séjour* fût infligée à un condamné conditionnel. Il y aurait une certaine contradiction entre la confiance dans le coupable, qu'atteste la décision de sursis, et cette mesure de méfiance, qui pourrait d'ailleurs entraver son reclassement. J'en dirai autant de la *publicité* du jugement par voie d'affiche ou d'insertions.

198. — Il est un certain nombre de cas où les peines accessoires ou complémentaires, au lieu de courir du jour de la condamnation devenue irrévocable, ont pour point de départ l'*expiration* de la peine. Il en est ainsi notamment de l'interdiction de séjour, et des incapacités temporaires en matière électorale et de jury. Est-il besoin d'observer que dans l'hypothèse d'une condamnation conditionnelle cette règle se trouve nécessairement modifiée (1)?

---

1. *Contra,* Nègre et Gary, p. 50. Dalloz, Rep. Supp. v° *Peine,* n. 279 (interdiction de séjour).

Si ces peines accessoires et incapacités ne devaient produire effet qu'à l'expiration de la peine principale, elles se trouveraient ainsi subordonnées elles-mêmes à la condition suspensive qui affecte l'exécution de celle-ci, puisqu'en fait leur point de départ ne pourrait se placer qu'après la déchéance encourue par le condamné. Une conséquence qui apporte une telle restriction au principe formel de l'article 2, est évidemment inacceptable. Elle n'est pas moins contraire à l'esprit de la loi qu'à son texte. Nous avons vu, en effet, que le législateur a précisément voulu enlever au condamné, pendant la suspension, la jouissance de ses droits civils et politiques, et le traiter à cet égard comme un condamné qui aurait immédiatement subi sa peine (1).

D'ailleurs, il faut interpréter rationnellement le sens des prescriptions légales qui attribuent à quelques peines accessoires un point de départ autre que la condamnation ; dans certains cas, le législateur n'a fait que se conformer à la nécessité des choses : ainsi, il est bien évident que l'interdiction de séjour ne se conçoit pas tant que la peine est en cours d'exécution. Dans d'autres cas (par exemple pour les incapacités temporaires en matière électorale ou de jury), la loi a cherché bien moins à fixer leur point de départ que leur terme (2). Or, lors-

---

1. « En fait, dit M. Delalande, la suspension équivaut à une remise conditionnelle de la peine : *le condamné est placé dans la même situation que s'il était libéré*, sous la condition toutefois de n'encourir pendant cinq années aucune condamnation à l'emprisonnement » (p. 113).

2. La meilleure preuve en est que ces incapacités prennent cours du jour de la condamnation devenue|définitive, lorsqu'au

que la peine principale est suspendue, ou pour mieux dire, lorsqu'elle est *censée exécutée*, le motif de ce point de départ exceptionnel n'a plus de raison d'être.

Il faut donc conclure que toutes les peines accessoires ou complémentaires, sont exécutoires ou produisent leurs effets immédiatement, sans qu'il y ait lieu de rechercher si leur point de départ normal est fixé au jour où la condamnation est devenue définitive, ou bien à l'expiration de la peine principale.

§ 2. — Frais et dommages-intérêts.

199. — La suspension ne comprend pas le paiement des frais du procès et des dommages-intérêts (art. 2, § 1).

200. — *Restitutions.* — Le texte ne parle pas des *restitutions* que le Code pénal place d'ordinaire sur la même ligne (1). C'est une simple lacune que l'esprit de la loi permet de combler. Il est évident que si les dommages-intérêts, réparation indirecte et exceptionnelle du préjudice, ne sont pas compris dans la suspension, à plus forte raison doit-il en être de même des restitutions qui en sont la réparation directe et normale (2).

201. — *Contrainte par corps.* — Les frais, restitutions et dommages-intérêts, sont donc immédiatement exigibles, et recouvrables dès que la condamnation est devenue définitive, suivant les modes ordinaires. La conséquence

---

lieu d'être temporaires, elles sont perpétuelles (D. 2 février 1852, art. 16. L. 21 nov. 1872, art. 2, § 11).

1. Art. 10, 51, 52, 54, 469.
2. Garraud, II, n. 14.

rigoureusement certaine de ce principe sera de rendre le condamné passible de la *contrainte par corps*, nonobstant le sursis (1). Même en reconnaissant à la contrainte un certain caractère pénal, elle n'en est pas moins, avant tout, une voie d'exécution, et comme telle, elle est nécessairement attachée à la condamnation aux frais, restitutions et indemnités, que la suspension ne modifie en rien (2). Le sursis ne doit pas porter préjudice aux tiers, et il leur nuirait s'ils étaient privés de ce moyen efficace et peut-être nécessaire d'assurer le recouvrement de leurs créances.

Nous avons vu ailleurs que lorsque le sursis était appliqué à l'amende l'exercice de la contrainte par corps pour le recouvrement de celle-ci, se trouvait naturellement suspendu. Mais il n'en reste pas moins autorisé, en ce qui concerne les autres condamnations pécuniaires. Dans ce cas, les tribunaux devront avoir soin, au lieu de prononcer la contrainte par corps en bloc, de déterminer la part afférente à l'amende, afin qu'on sache dans quelle

1. Cette opinion n'a été contestée, à ma connaissance, que par un seul auteur (Bassia, *Revue Crit.*, *l. c.*). V. la même solution, dans le cas de *Grâce* (D. Rep. Supp. v° *Grâce*, n. 20).

2. Sans doute, cette conséquence paraît contraire au but de la loi, puisque le condamné se trouvera en fait, soumis au régime de la prison, que les juges ont voulu lui éviter. Mais une telle détention n'a rien d'infamant en soi. Tout inconvénient serait évité, si le régime de la contrainte par corps était ce qu'il devrait être, complètement distinct du régime de la détention pénale. Il est intéressant de rapprocher des dispositions de la loi de 1891, celle que contient l'art. 17 de la loi du 22 juillet 1867. « Les tribunaux peuvent, dans l'intérêt des enfants mineurs du débiteur, et par *le jugement de condamnation, surseoir pendant une année au plus, à l'exécution de la contrainte par corps.* »

mesure elle pourra être exercée pour les frais et dommages-intérêts (1). Cette solution, qui paraît contraire à des
principes généralement admis (2), est une conséquence
forcée de la situation mixte où se trouve, dans ce cas,
le bénéficiaire du sursis, par rapport à la contrainte.

§ 3. — **Casier judiciaire**

202. — La condamnation conditionnelle doit faire l'objet de la délivrance d'un bulletin n° 1, comme une condamnation ordinaire; mais il portera la *mention du sursis accordé* (art. 4) (3). Ce bulletin sera classé au casier
judiciaire, et relevé, avec la même mention, sur tous les
bulletins n° 2, qu'ils soient délivrés aux magistrats ou
aux particuliers.

---

1. C'est ce que décide une Circ. du 16 janvier 1893 (*Bull. off.
minist. just.,* 1892, p. 3). La Circ. prescrit ensuite la marche à
suivre pour le cas où le jugement aura omis de faire cette répar-
tition.

2. Cass., 13 mai 1882 (D. 82, 1, 275). D. Rep. Supp. v° *Contr. par
corps,* n. 80. Cf. Cass., 20 avril 1882 (D. 82, 1, 273 et la note).

3. V. sur les prescriptions en matière de Casier judic., Circ. du
19 déc. 1891 (*Bull. off. minist. just.,* 1891, p. 546). La mention sera
toujours faite en ces termes : *sursis à l'exécution.* La Circ. prescrit aux greffiers d'avoir soin, en classant le bull. n° 1 constatant
une peine suspendue, de vérifier avec soin si le casier ne contient
pas de bull. relatif à une condamnation précédente qui aurait
empêché le sursis. S'il en existe, ils devront prévenir aussitôt le
Procureur de la République; celui-ci en informera à son tour le
parquet du lieu où aura été rendue la cond. conditionnelle, afin
que celle-ci puisse être l'objet des recours autorisés par la loi.
De là la nécessité de classer rapidement et avec soin les bull. n° 1
afférents à des condamnations avec sursis.

SECTION III

De la période de suspension. Caractère du sursis.

§ 1. — De la période de suspension.

I. — Sa durée.

203. — La période de suspension a une durée fixe de *cinq* années. Le délai se compte *par jour*, c'est-à-dire de date à date, et non *par heure*. Le jour qui sert de point de départ (*dies a quo*) y est compris. Enfin, le dernier jour du délai (*dies ad quem*) doit être en entier écoulé, pour que la période d'épreuve soit achevée. Ce sont là les règles généralement admises pour le calcul de la prescription des peines (1). L'analogie des situations conduit naturellement à les adopter en cette matière.

Le délai du sursis, une fois commencé, continue à courir, sans aucune interruption ou suspension. Ainsi, il n'est pas suspendu pendant la durée de l'emprisonnement que peut avoir à subir le condamné conditionnel (2), bien que cette détention constitue un obstacle de fait à l'épreuve. Il n'est pas non plus suspendu par les séjours que ferait à l'étranger le bénéficiaire du sursis : on pourrait cependant voir là une sorte d'*obstacle de droit*, puisque, hors de France, les nouvelles rechutes sont dépourvues de sanction.

---

1. Garraud, II, p. 134.
2. Par exemple, s'il était détenu pendant les délais de l'appel, ou s'il a à subir une seconde condamnation non-révocatoire.

II. — **Son point de départ.**

204. — Le délai de cinq ans court « *à dater du juge-ment ou de l'arrêt* (1). » La détermination du point de départ est fort aisée, lorsqu'il n'y a eu dans le procès pénal qu'une seule décision judiciaire : le sursis court du jour où elle a été rendue ; c'est l'hypothèse même que prévoit le texte. Mais il peut arriver, qu'à la suite d'opposition, d'appel ou de pourvoi, plusieurs jugements soient intervenus. Laquelle, entre ces diverses décisions, doit servir de point de départ ? Distinguons trois hypothèses.

A. — *Deux ou plusieurs décisions : sursis accordé par la dernière seulement.* — Dans ce cas, le point de départ se trouve naturellement fixé au jour de cette dernière décision.

Cette solution est contestée (2) : il paraît cependant

---

1. Il aurait paru plus rationnel d'adopter comme point de départ le jour où la décision serait devenue irrévocable, puisque, jusque-là elle ne peut produire d'effets légaux. Cependant, comme il ne s'agit pas d'attribuer au jugement une valeur exécutoire, il n'y a rien de contraire aux principes à tirer parti d'un fait matériel et définitivement acquis, la date de la prononciation, pour fixer le point de départ d'une période arbitrairement délimitée.

2. Dans un autre système, la période d'épreuve remonterait dans tous les cas au jour de la plus ancienne décision (Laborde). Cette opinion est inadmissible pour la raison signalée ci-dessus. Elle est positivement contraire au texte de la loi. Dans un troisième système, pour le cas spécial où le sursis aurait été accordé en appel, on enseigne que le point de départ remontera au jour de la première décision, dans les mêmes hypothèses où suivant l'article 24 du C. pén. la détention préventive comprise entre le jugement et l'arrêt serait imputable sur la peine (Brégeault, Nègre

impossible de le reporter à une date antérieure. Ce
serait faire courir la suspension avant qu'elle ait été
ordonnée.

B. — *Deux ou plusieurs décisions, ordonnant toutes le
sursis.* — Le délai court du jour de la première : c'est
elle, en fait, qui a ordonné le sursis ; les décisions subséquentes n'ont fait que la confirmer sur ce point.
Nous rentrons donc dans les termes de la loi, et, y
aurait-il doute, cette interprétation devrait prévaloir
comme la plus favorable au condamné, qui a intérêt
à voir commencer le plus tôt possible la période de suspension (1).

C. — *Plusieurs décisions successives : sursis accordé par
la première, refusé par d'autres, ordonné de nouveau par
la dernière* (p. ex. sursis concédé en première instance,
refusé en appel, concédé par un second arrêt après cassation). — Dans ce cas, comme dans le précédent, il
semble que le sursis doive prendre cours au jour de la
première décision, car elle se trouve, en dernière analyse, confirmée du chef de la suspension par celle qui
termine le procès.

---

et Gary, p. 85 et 87. André, p. 119). Cette opinion est tout à fait
arbitraire ; il n'y a aucune comparaison possible entre la prison
préventive et la période de suspension qui n'est pas une peine,
mais une sorte de prescription.

1. Ici encore, nous trouvons des divergences d'opinion. Les
uns assignent comme point de départ la *dernière décision* (Locard,
n. 92), alléguant que celle-ci a seule une valeur légale. L'argument serait fondé, s'il s'agissait d'exécution. Mais ce n'est point
le cas : toute dépourvue qu'elle soit de force exécutoire, il n'en
reste pas moins que c'est la première décision qui a ordonné le
sursis. Ç'est un fait matériel que les décisions suivantes n'ont pu

§ 2. — Caractères du sursis.

I. — Facultatif pour le juge.

205. — Le sursis est *facultatif* pour le juge, alors même que le condamné se trouve dans les conditions légales pour l'obtenir. C'est là une règle essentielle, sur laquelle je n'ai pas à insister (1).

II. — Obligatoire pour le condamné.

206. — Il est *obligatoire* pour le condamné, qui ne peut ni le refuser au moment du jugement, ni y renoncer au cours de la période de suspension, pour subir sa peine. L'opinion contraire, qui s'appuie sur les travaux préparatoires (2), ne paraît pas soutenable. La suspension de la peine, en effet, n'est pas offerte au condamné à titre en quelque sorte subsidiaire, comme un pur bénéfice qu'il peut accepter ou répudier à son gré. C'est un *ordre* de suspension que prononcent les juges. On ne peut

---

anéantir. D'autres, pour les cas où la première décision a été rendue par défaut, fixent comme point de départ, le jour de la signification du jugement (V. Sur ce dernier point, Dalloz, Rep. Supp. v° *Peine*, n. 272 *in fine*).

1. Lyon, 13 juillet 1891 (D. 92, 2, 286). Ce n'est d'ailleurs qu'au cas où le sursis est ordonné que le juge doit motiver sa décision (Cass. 3 août 1894, *Gaz. Trib.* du 10 août).

2. M. Bérenger a formellement consacré ce droit d'option pour le condamné en vue de l'hypothèse où il serait désireux d'obtenir sa réhabilitation au bout de trois ans, sans attendre l'expiration de la période de sursis (Rapp. p. 17 et Sénat, Séance du 3 juin 1890).

nier d'ailleurs que cette mesure n'intéresse, au premier chef, l'ordre public, puisqu'elle est destinée à prévenir la récidive. Or, il est de principe incontesté qu'il n'est pas permis de renoncer aux droits d'ordre public, quelqu'intérêt qu'on puisse avoir à le faire. C'est ainsi qu'un condamné ne peut refuser sa grâce (1). Si formelle que soit, en sens contraire, l'opinion de M. Bérenger, elle n'a que la valeur d'un avis personnel, mais ne suffit pas dans le silence du texte, à infirmer des principes aussi certains (2).

III. — Fait-il obstacle à la grâce pendant le délai ?

207. — Le sursis fait-il obstacle, pendant la période de suspension, à l'exercice du droit de grâce ? La ques-

---

1. Garraud, II, p. 154. Le condamné en effet n'a pas droit à la peine. L'axiôme *invito beneficium non datur* ne peut être invoqué qu'en droit privé. Il est inadmissible que le condamné puisse contraindre le pouvoir à une répression que celui-ci juge contraire à l'utilité sociale (cf. Circ. minist. Just. du 21 nov. 1879. Dalloz, Rep. Supp. v° *Grâce*, n. 21).

2. Dans ce sens, Nègre et Gary, p. 83. Locard, n. 85. *Contra*, André, p. 219, Delalande, p. 122. En pratique, on ne voit pas comment le bénéficiaire du sursis pourrait obtenir la transformation de la condamnation conditionnelle en condamnation pure et simple : le tribunal, qui est désaisi, ne peut revenir sur sa sentence. Le parquet qui doit exécuter telles quelles les décisions du Tribunal, ne pourrait, sans commettre un excès de pouvoir, prêter la main à une exécution que le juge a suspendue. La renonciation écrite du condamné à se prévaloir du sursis ne résoud pas cette difficulté. Quant aux administrations pénitentiaires ou fiscales, elles ne peuvent non plus, sur le vu d'un jugement qui ordonne de surseoir, entrer dans les vues du condamné. De toute façon, on se heurte à des obstacles.

tion n'a guère d'intérêt pratique, car il n'est pas à supposer que le chef de l'Etat soit tenté de grâcier un condamné conditionnel, tant que la peine est suspendue : on
ne voit pas bien à quoi pourrait servir une mesure gracieuse en pareille hypothèse. Quoiqu'il en soit, j'estime
que la grâce ne peut régulièrement intervenir dans ce
cas (1) : s'il est vrai qu'elle puisse s'exercer avant tout
commencement d'exécution, encore faut-il que le jugement soit susceptible d'exécution, et par suite, irrévocable. Or, la condamnation conditionnelle, alors même
qu'elle ne peut plus être attaquée par une voie de recours,
n'est pas, à proprement parler, définitive : la réalisation
de la condition, en effet, aura pour résultat d'anéantir le
droit d'exécution et d'effacer la condamnation elle-même.
On ne peut admettre que le chef de l'Etat puisse renoncer d'avance, par la grâce, à son droit d'exécution, alors
que celui-ci n'a pas encore pris naissance.

Il serait aisé de multiplier les arguments dans le
même sens. Les considérations qui précèdent me paraissent suffisantes pour justifier la solution que je propose
dans cette controverse sans grande portée pratique (2).

---

1. La solution contraire semble résulter de la discussion de la
loi belge. Il ne faut voir là qu'une concession faite à ceux qui con-
sidéraient la condamnation conditionnelle comme portant atteinte
au droit de grâce.

2. Il n'y a pas lieu de distinguer d'ailleurs entre la remise de
peine et la simple commutation : les mêmes raisons de décider
existent dans les deux cas.

IV. — Suspend-il le cours de la prescription?

208. — On s'est demandé enfin si le délai de sursis n'avait pas pour effet de suspendre la *prescription* de la peine. La question présente un intérêt pour le cas où la période de cinq ans expire, avant que le jugement, emportant déchéance de la condamnation conditionnelle, soit devenu exécutoire. Nous verrons cette situation plus loin. On doit répondre sans hésiter que le sursis ne suspend pas la prescription. Pour en décider autrement il faudrait un texte formel, et ce texte n'existe pas. Les peines se prescrivent parce qu'elles ne sont pas exécutées ; il importe peu que l'obstacle à leur exécution ait une cause ou une autre. Pourquoi ferait-on une situation moins favorable aux condamnés conditionnels, qu'aux autres condamnés? Les motifs mêmes sur lesquels s'appuye la prescription ne permettent pas de distinguer. Observons d'ailleurs que, dans la discussion de la loi de 1891, le délai de cinq ans a été à diverses reprises considéré comme une sorte de *prescription* de la peine par la bonne conduite. Il est certain que le législateur a cherché à faire coïncider le délai de la suspension avec celui de

---

1. Un seul auteur, à ma connaissance, n'admet pas cette doctrine et considère le sursis comme suspendant le cours de la prescription : c'est M. Delalande, qui cherche à établir sa thèse à l'aide de nombreux arguments. Cf. Garraud, II, n. 76. L'art. 5 de la loi de Genève dit formellement : « *La prescription de la première peine commencera à courir dès le jour où la seconde condamnation a été prononcée.* »

la prescription; cette coïncidence n'est pas parfaite. Mais de cette intention même on peut induire avec certitude qu'il n'a jamais eu la pensée de considérer le sursis comme une cause de suspension.

CHAPITRE III

EFFETS DE LA CONDAMNATION CONDITIONNELLE AU TERME DE LA PÉRIODE DE SUSPENSION.

209. — La période de suspension prend fin soit par la *révocation* du sursis encourue par le condamné, soit *par l'arrivée du terme* de cinq ans dans les conditions prescrites. Tels sont les deux dénouements possibles de la situation.

SECTION I

Révocation du sursis.

210. — Le condamné est déchu du bénéfice du sursis lorsqu'il encourt pendant la période de suspension *une poursuite pour crime ou délit de droit commun suivie d'une condamnation à l'emprisonnement ou à une peine plus grave* (Art. 1, § 2 et 3). La condition à laquelle était attaché le sursis n'étant pas remplie, celui-ci est révoqué.

211. — Cette révocation a lieu de *plein droit*. Les tribunaux saisis de la seconde poursuite n'ont pas à la prononcer. Ils peuvent en effet, ignorer l'existence de la

condamnation conditionnelle (1); et il serait manifeste-
ment contraire au but de la loi que la déchéance fût
subordonnée à la connaissance qu'auraient les seconds
juges de la situation du prévenu. Les deux jugements,
celui qui a ordonné le sursis et celui qui prononce la
seconde condamnation, doivent donc demeurer indépen-
dants (2). La révocation n'est ainsi soumise à aucune
forme.

Nous étudierons successivement : 1° les conditions de
la révocation du sursis ; 2° les effets de cette révocation.

§ 1. — **Conditions de la révocation.**

212. — La révocation résulte : 1° *d'une poursuite suivie de condamnation* ; 2° *à l'emprisonnement ou à une
peine plus grave* ; 3° *pour crime ou délit de droit commun.*

I. — **Poursuite suivie de condamnation.**

213. — Une poursuite qui ne serait pas suivie de condamnation démontre, ou l'innocence du prévenu, ou l'absence de preuves contre lui. Elle ne signifie rien par

---

1. C'est ce qui arrivera si la deuxième condamnation suit de
très près la première, car le bulletin n° 1 concernant celle-ci n'est
pas encore classé au Casier. D'autre part, le condamné peut avoir
dissimulé son identité ; ou bien enfin, le bulletin n° 2, par suite
d'une erreur, a pu ne pas mentionner la condamnation conditionnelle.

2. C'est ce que décide expressément une Circ. du 16 janvier
1892 (*Bull. off. minist. just.*, 1892, p. 3).

elle-même. Pourquoi donc cette formule ? Nous cherche-rons à l'expliquer dans un instant.

A. — *Caractère de la condamnation.* — Il faut donc une condamnation. Cette condamnation doit avoir les mêmes caractères que la condamnation antérieure for-mant obstacle au sursis. Elle ne produira ainsi d'effet révocatoire qu'autant qu'elle émane *d'une juridiction française* (peu importe d'ailleurs la nature de celle-ci) ; et qu'elle est devenue *définitive.*

B. — *Date de la condamnation.* — La condamnation seule entraîne la déchéance, mais elle a sa base dans la *poursuite*, et sa cause dans l'infraction. Le fait juridique auquel la loi attache la déchéance comprend donc, au fond, ces trois termes : *infraction, poursuite, condamna-tion,* qui peuvent être séparés par un intervalle de temps plus ou moins long. Une infraction commise *pendant* le délai de cinq ans, pourra ainsi n'être l'objet d'une pour-suite, ou n'aboutir à une condamnation *qu'après* son expiration. La révocation sera-t-elle encourue dans ce cas ? La question ne se poserait pas si la loi avait dit à peu près clairement que la condamnation doit avoir été prononcée avant l'arrivée du terme. Mais la formule adoptée prête à l'équivoque. Aussi existe-t-il sur ce point, d'un intérêt qui deviendra très pratique et sur lequel la jurisprudence n'a pu avoir encore à statuer, trois sys-tèmes différents.

214. — *Premier système.* — Suivant l'un (1), il suffi-rait que l'infraction seule ait été commise dans le délai :

---

1. Brégeault, p. 78. Capitant, n. 22, de Forcrand, p. 241. André, p. 126.

La poursuite et la condamnation intervenues après son expiration entraîneraient néanmoins la révocation. C'est le système le moins favorable au condamné.

215. — *Deuxième système.* — D'après un second (1), diamétralement opposé, il serait nécessaire que non-seulement l'infraction mais encore la poursuite et la condamnation soient les unes et les autres intervenues avant la fin de la période de cinq ans (2). C'est le système le plus favorable au condamné, parce qu'il limite le délai pendant lequel la déchéance pourra être encourue.

216. — *Troisième système.* — Il existe enfin un système intermédiaire (3), aux termes duquel il serait nécessaire, mais suffisant que l'infraction commise *pendant* le délai, soit l'objet de poursuite *avant* son expiration : quant à la condamnation, elle pourrait n'intervenir qu'*après*.

217. — Il n'est guère possible de retrouver la pensée du législateur dans les travaux préparatoires : on peut les invoquer, avec plus ou moins de bonheur, dans les

---

1. Nègre et Gary, p. 95. Laborde (*Quest. prat.*, p. 409). Delalande.

2. Il reste à décider, dans ce système, si la condamnation doit, pendant le délai, non seulement avoir été prononcée, mais être devenue *définitive*. On estime que cela n'est pas nécessaire : ce serait diminuer la période de suspension de tous les délais d'appel, de cassation, ou d'opposition, et permettre au condamné d'éviter la déchéance en usant, contre le jugement intervenu dans les derniers jours de la période, d'une voie de recours. Mais il n'en reste pas moins que le délinquant, poursuivi dans un temps voisin du terme, pourrait en retardant l'instruction, arriver à n'être condamné qu'après l'échéance des cinq ans. L'objection est grave.

3. Locard, p. 100 et 103. Mahoudeau, n. 27.

trois opinions (1). A ne consulter que l'esprit bien connu de la loi, la première devrait prévaloir : car, en somme, c'est l'*infraction* qui constitue l'indignité : la poursuite et la condamnation ne font que la relever et la prouver. Le vœu de la loi est donc rempli, pourvu qu'une infraction commise dans le délai, soit, même après son expiration, suivie de poursuite et de condamnation. Ce système, assurément plus rationnel, et qui peut argumenter dans une certaine mesure du sens grammatical du mot *encourir* (2) trouve cependant sa réfutation dans le texte lui-même. L'article 4, en effet, qui se réfère à l'article 1er, parle non plus de poursuite encourue, mais *intervenue* dans le délai de cinq ans. Il n'est pas possible d'équivoquer sur le sens du mot *intervenir*.

218. — Je me rallie, non sans quelque hésitation, au troisième système, qui me paraît tenir compte plus strictement du texte, tout en s'inspirant autant que possible, de la raison de la loi. J'admets donc que la poursuite doit intervenir dans le délai de cinq ans : la condamna-

---

1. C'est ce que montre très bien M. Locard qui a pris soin de faire le relevé comparatif de toutes les expressions employées à ce sujet, tant dans le texte des propositions, que dans les rapports et la discussion. On pourrait discuter à perte de vue sur ce point. Au fond, il ne paraît pas possible de faire sérieusement état des travaux préparatoires dans cette controverse.

2. Encourir une poursuite, *c'est s'en rendre passible* (V. *Dict. de Littré*, v° *encourir*). La chancellerie belge, qui admet ce système, paraît s'appuyer précisément sur le sens grammatical du mot *encourir* (V. Circ. du 20 sept. 1892, rapportée dans *Bull. de l'Union intern. de droit pén.*, février 1893, p. 70). La loi belge porte : « *Si pendant le délai le condamné n'encourt pas de condamnation.* »

tion qui en sera la suite, entraînera la déchéance, bien que prononcée après son expiration.

a). — Cette interprétation serre de plus près le texte : à quoi bon, en effet, parler de « *poursuite suivie de condamnation* », s'il était nécessaire que l'une et l'autre soient comprises dans la période de cinq ans ? La poursuite étant le préliminaire forcé de la condamnation, il était bien inutile d'en faire mention : il aurait suffi de dire : « *Si dans le délai de cinq ans, le condamné n'a pas encouru une nouvelle condamnation* ». Mais non : dans l'article 1ᵉʳ et dans l'article 4, la loi a soin de distinguer la poursuite et la condamnation ; c'est donc qu'elle attache un effet particulier à la première. On doit entendre la formule de la loi dans le sens où elle a une signification, plutôt que dans celui où elle n'en a pas.

b). — En outre, cette manière de comprendre le texte se trouve fondée en raison : n'oublions pas que l'indignité résulte, au fond de l'*infraction*, et que s'il n'existait un texte pour dire le contraire, c'est à la date seule de celle-ci qu'on devrait s'attacher. La loi ne l'a pas admis : elle exige, — sans doute pour que le sort de la condamnation conditionnelle ne restât pas trop longtemps incertain (1), — que tout au moins la poursuite ait été intentée dans le délai. Mais il est conforme à son esprit bien entendu de ne pas lui prêter une plus grande exigence (2).

---

1. De ce motif probable, on doit, ce me semble, tirer la conclusion que le terme *poursuite* doit s'entendre dans un sens assez étroit, par exemple d'une citation, ou d'un réquisitoire introductif. Il faut que l'affaire soit, en quelque sorte, *liée* avant la fin de la période.

2. On peut observer en outre que ce système conserve seul à

219. — Nous avons vu que le sursis n'était pas une cause de suspension de la prescription de la peine ; d'autre part, celle-ci n'est pas interrompue par la survenance d'une nouvelle infraction. La peine suspendue peut donc se trouver prescrite, et par suite ne devra pas être exécutée, lorsqu'interviendra la condamnation révocatoire du sursis. C'est là une conséquence bizarre, que le législateur n'a certainement pas aperçue, et regrettable, puisqu'elle enlève à la révocation son principal intérêt. Mais on ne saurait y voir une objection contre notre système : elle peut en effet se présenter aussi dans l'autre (1). Il aurait fallu pour l'éviter, que le législateur décidât que la prescription de la première peine serait interrompue par la seconde infraction (2).

II. — Condamnation à l'emprisonnement ou à une peine plus grave.

220. — Pour révoquer le sursis, la condamnation doit comporter l'*emprisonnement* ou une *peine plus grave*.

Les condamnations à l'amende n'ont donc jamais cet

---

l'épreuve sa durée complète : dans l'autre, en effet, elle se trouve abrégée de tout le temps qu'exige le procès pénal. Il n'est plus exact de dire qu'elle est de cinq années.

1. Par exemple, lorsque la condamnation, intervenue à l'extrême limite du délai, sera l'objet d'une voie de recours : la peine suspendue ne pouvant être exécutée avant que cette condamnation soit définitive, se trouvera parfois prescrite, au moment où la déchéance sera encourue.

2. Le C. pén. italien contient une disposition dans ce sens (art. 96, § 3) : la prescription d'une condamnation est interrompue lorsque le condamné commet une autre *infraction de même nature*.

effet. Quant au sens exact du mot *emprisonnement*, je me borne à renvoyer aux explications fournies plus haut à cet égard (1).

III. — Condamnation pour crime ou délit de droit commun.

221. — A. — *Caractère de l'infraction.* — Une condamnation n'a d'effet révocatoire qu'autant qu'elle est motivée par *un crime ou un délit de droit commun*. La loi établit ainsi une concordance parfaite entre les infractions qui rendent le condamné passible de la déchéance, et celles qui font obstacle au sursis. Sur ce point encore, je dois me borner à un simple renvoi (2).

222. — B. — *Date de l'infraction.* — L'infraction doit avoir été commise *pendant la période d'épreuve*. De là les conséquences suivantes :

a). — L'infraction commise *antérieurement* à la condamnation conditionnelle, bien que suivie *postérieurement* à celle-ci d'une condamnation à l'emprisonnement, n'aura pas pour effet de révoquer le sursis. D'une part, elle n'implique pas l'indignité du condamné puisqu'il n'y a pas rechute ; d'autre part, la révocation du sursis ne

---

1. *Supra,* n° 163 et s.

2. *Supra,* n° 145 et s. Est-il nécessaire que la seconde infraction soit *indépendante* de la première ? Ainsi la *rupture de ban* du condamné à l'interdiction de séjour et à l'emprisonnement avec sursis, sera-t-elle une cause de révocation ? Je pense qu'il y a lieu d'adopter ici les principes admis en matière de récidive : la seconde infraction doit être indépendante de la première, sinon elle ne prouve pas l'indignité du délinquant (V. Garraud, II, p. 321). Mais je reconnais que cette opinion peut être contestée.

saurait avoir une cause antérieure au point de départ de celui-ci (1).

b). — Il en sera de même, si l'infraction a été commise entre le jugement de première instance, et l'arrêt qui a ordonné seul le sursis : il y a bien, dans ce cas, une vraie rechute ; mais la période d'épreuve n'était pas commencée.

c). — On peut se demander si l'infraction commise *après* le sursis concédé par une décision non attaquée, mais *avant* que celle-ci soit devenue définitive, rendra le condamné passible de la déchéance. On sait que, dans ce cas, il ne serait pas en état de récidive légale. Je crois que la déchéance sera encourue : l'épreuve est commencée, il y a donc rechute pendant l'épreuve, et elle doit être considérée comme faisant défaillir la condition qui suspendait pendant cette période l'exécution de la peine. La loi ne demande pas autre chose, et on ne saurait raisonner ici par analogie des règles reçues en matière de récidive (2).

---

1. De même, une première condamnation à l'emprisonnement ne fait pas obstacle au sursis lors d'une seconde condamnation pour faits *antérieurs* à la première (Cass. 20 avril 1893, D. 94, I, 144). La division des poursuites et la circonstance, indifférente au fond, que les procédures ont été séparées, ne peut modifier dans un sens défavorable, la situation du condamné. Mais dans le même cas, si le sursis a été accordé à la première, il ne s'étend pas de plein droit à la seconde (même arrêt).

2. Lorsque, pendant la suspension, une loi aura supprimé l'incrimination qui avait motivé la première condamnation, la révocation encourue aura-t-elle pour effet de rendre exécutoire une peine reconnue inutile, puisque le délit n'existe plus ? Il y a lieu de résoudre la question par l'application des principes généraux

§ 2. — **Effets de la révocation**.

223. — La déchéance encourue enlève au condamné le bénéfice de la condition *suspensive* qui affectait l'exécution de la peine ; et le bénéfice de la condition *résolutoire* qui affectait la condamnation elle-même.

La révocation a donc pour effet : 1° de *rendre exécutoire* la *peine suspendue ;* 2° de *confirmer définitivement* la condamnation jusque-là conditionnelle.

I. — **Exécution de la peine principale**.

224. — La révocation du sursis a pour effet principal de rendre exécutoire la peine d'emprisonnement ou d'amende suspendues. Trois règles se dégagent du texte à ce sujet.

225. — 1° *La peine est exécutée.* — Suivant les règles ordinaires, cette exécution ne peut avoir lieu que lorsque la deuxième condamnation est devenue irrévocable : car, c'est à ce moment seulement qu'on saura si le bénéfice du sursis est définitivement perdu.

a). — En ce qui concerne l'*amende,* la révocation a pour effet de la rendre exigible, et par conséquent, d'entraîner contre le condamné l'exercice de la contrainte par corps.

b). — Lorsque la peine suspendue était l'*emprisonnement,* le condamné, s'il n'est pas détenu préventivement,

---

(V. Garraud, I, p. 189). La peine sera exécutoire, la loi nouvelle ne rétroagissant pas de plein droit pour anéantir la chose jugée.

doit être incarcéré ; ou, s'il est détenu, maintenu en prison, sur le vu de l'extrait du jugement portant condamnation conditionnelle, qui doit mentionner la révocation.

Il n'y a pas de raison pour traiter le condamné déchu du sursis plus mal que s'il avait subi immédiatement sa peine : aussi a-t-il droit, le cas échéant, et suivant les distinctions du nouvel article 24 du Code pénal, à l'imputation de la détention préventive qu'il a pu subir lors de la première poursuite (1).

226. — L'exécution de la peine conditionnelle soulève une question de compétence entre parquets : aura-t-elle lieu par les soins du Ministère public près la juridiction qui a prononcé la condamnation révocatoire, ou par ceux du Parquet de la juridiction qui a ordonné le sursis ? On peut trouver de très bonnes raisons pour attribuer compétence à l'un aussi bien qu'à l'autre. Mais rien n'autorise à déroger au principe ordinaire : les deux condamnations sont indépendantes, et chaque parquet doit conserver sa compétence respective, c'est-à-dire veiller, le premier à l'exécution de la condamnation révocatoire, le second à celle de la condamnation conditionnelle (2).

---

1. La question ne saurait faire doute (V. *Comment. des nouveaux art. 23 et 24 du C. pén.* par Mesnard, *Lois Nouv.*, 1893, et Circ. du Proc. Gén. près la Cour d'Aix, sur l'applic. de la loi du 15 nov. 1892, *Lois Nouv.*, 1893, 3, 63).

2. La Circ. déjà citée du 16 janvier 1892 admet implicitement cette solution. En Belgique, la Chancellerie décide que le droit de faire exécuter les deux condamnations appartient au parquet du Tribunal qui a prononcé la deuxième. Cette solution est certainement la plus pratique.

Si l'exécution de la première peine soulève des questions contentieuses, quelle juridiction devra être appelée à les trancher ? Il y a lieu, ce me semble, de faire ici une distinction :

Si la difficulté porte sur la *révocation* elle-même, par exemple si le condamné conteste que la deuxième condamnation ait eu pour effet de lui enlever le bénéfice du sursis, c'est à la juridiction qui a prononcé la condamnation prétendue révocatoire qu'il appartient de la trancher (1). Il s'agit, en définitive, d'*interpréter* le caractère d'un jugement; et bien que la seconde juridiction n'ait pas à prononcer la révocation, elle seule a qualité pour préciser le sens de sa décision.

Si la contestation porte sur une difficulté qui tient à l'exécution elle-même, c'est le tribunal correctionnel du lieu où le condamné est détenu, qui devra être saisi comme le plus apte à résoudre rapidement les questions, toujours urgentes, de cette nature (2).

227. — 2° *La première peine est exécutée sans confusion avec la seconde* (art. 1, § 3 et art. 3). — Cette règle a pour but de prohiber, en toute circonstance, l'application de l'article 365 du C. d'Instr. Cr. relatif au non-cumul des peines.

---

1. Cf. à titre d'analogie, l'hypothèse où il s'agit de contestation sur la confusion ou la non-confusion de deux peines; Garraud, II, p. 298.

2. Garraud, II, p. 30. On sait que la jurisprudence semble admettre au contraire que la compétence en pareil cas appartient aux juges qui ont statué sur l'action publique. V. *Code des Parquets*, par Leloir, p. 318. Je n'ai pas à m'expliquer sur ce point qui n'a rien de spécial à la condamnation conditionnelle.

228. — 3° *La première peine est exécutée avant la seconde* (art. 1, § 3). — Ainsi l'exécution des deux peines aura lieu, non pas dans l'ordre décroissant de leur gravité, suivant l'usage normal (1), mais dans l'ordre chronologique des condamnations.

On n'aperçoit pas bien l'utilité de cette règle (2), à laquelle le législateur n'a peut-être pas attaché une grande importance, malgré la formule impérative du texte. Pourvu que les deux peines soient l'une et l'autre subies, qu'importe l'ordre de leur exécution? En pratique cette exigence de la loi est de nature à soulever quelques difficultés.

a). — Lorsque les deux peines seront l'une et l'autre *temporaires* (par exemple deux peines de prison, ou une peine de prison et une peine de travaux forcés à temps), l'ordre prescrit par la loi pourra être suivi. N'est-il pas cependant peu rationnel de retarder l'exécution de la peine la plus grave? L'infliction ne serait-elle pas plus efficace, si le condamné était immédiatement atteint par celle dont le régime est le plus rigoureux?

b). — Lorsque la deuxième peine sera la *mort* ou les *travaux forcés à perpétuité,* il devient évident que notre texte est inapplicable.

Dans ce dernier cas, outre qu'il serait dérisoire de retarder l'exécution de la peine des travaux forcés à per- pépuité pour permettre au condamné de subir une peine de prison, l'ordre prescrit par la loi aurait pour consé-

---

1. Circ. Minist. Inter. du 20 mars 1869.

2. Le projet de révision du C. pén. ne le reproduit pas; ce qui vaut beaucoup mieux.

quence de faire au condamné conditionnel un sort meilleur qu'au condamné n'ayant qu'une seule peine à subir : résultat tout-à-fait contraire à la pensée du législateur (1). Dans le cas de condamnation à mort, il est à peine besoin de remarquer combien cette inutile cruauté d'ajourner l'exécution de la peine capitale pour satisfaire au formalisme du texte serait choquante à tous les points de vue (2). Il faut donc admettre que dans ces deux hypothèses, il y a confusion de fait entre les peines, et qu'ainsi la première ne sera pas mise à exécution (3).

c). — Enfin, si la première peine est une *amende*, il est inadmissible que le condamné, par sa négligence ou sa mauvaise volonté, puisse retarder l'exécution de la seconde, simplement en ne payant pas l'amende. Dans ce cas, encore, l'ordre prescrit ne pourra être suivi (4).

Concluons de tout cela qu'il ne faut pas prendre à la lettre, la règle formulée plus haut : le législateur n'a eu en vue que les *peines privatives de liberté temporaires*. Les exceptions que je viens d'indiquer découlent néces-

---

1. Cette solution n'est pas généralement admise par les auteurs. En ce sens cependant, Nègre et Gary, p. 98.

2. M. Laborde fait observer avec raison qu'une telle situation donnerait en quelque sorte droit à la grâce (Cf. cependant art. 27, C. pén.). La plupart des auteurs admettent la solution indiquée ci-dessus. *Contra*, cependant Locard, p. 113.

3. Sans doute, en cas de peine perpétuelle, une commutation peut intervenir : mais, il n'appartient pas au pouvoir chargé d'exécuter les jugements, de prévoir cette solution. Toute peine prononcée est censée devoir être intégralement subie. C'est ainsi qu'il est de jurisprudence que la peine des travaux forcés à perpétuité est incompatible avec l'interdiction de séjour (Cass., 28 juillet 1892. D. 93, 1, 509), et avec la relégation (*Ibid.*)

4. *Contra* Laborde, Nègre et Gary, p. 97.

sairement de l'esprit de la loi, qui n'a pu vouloir consacrer des solutions contraires au bon sens.

II. — Confirmation de la première condamnation.

229. — Par suite de la révocation du sursis, la condamnation jusque-là affectée d'une condition résolutoire, devient définitive. Les divers effets qu'elle produisait, *pendente conditione*, sont consolidés. Le condamné restera donc sous le coup des peines accessoires et incapacités ; l'inscription au casier judiciaire subsiste également (1).

230. — *Récidive.* — La condamnation, ainsi confirmée, peut servir de premier terme à *la récidive* (2), dans les conditions des nouveaux articles 57 et 58 du Code pénal. La loi le décide expressément (art. 3). Une difficulté s'élève toutefois sur ce point.

En cas de déchéance du sursis, en effet, la peine n'est pas *expirée* et, en général, elle n'est pas *prescrite*. Or, d'après les articles 57 et 58 (modifiés précisément par notre loi) le délai de cinq ans pendant lequel doit avoir été commise la seconde infraction, a pour point de départ

---

1. La mention du *sursis* doit-elle disparaître? Je ne le pense pas. Il y a là un élément d'information, toujours utile aux magistrats, et qui n'est pas de nature à nuire au condamné. Celui-ci ne saurait donc s'en plaindre.

2. Sur l'hypothèse où, même pendant le délai, la condamnation conditionnelle pourrait servir de premier terme à la récidive, v. Locard, p. 82. L'opinion de cet auteur me paraît d'ailleurs fort contestable. L'hypothèse ne présente guère qu'un intérêt théorique, et je n'y insiste pas.

l'*expiration* de la peine ou sa *prescription*. Faut-il donc conclure que ce délai, dans l'espèce, n'a pas encore commencé à courir ? L'article 3 aurait-il donc consacré une erreur matérielle ?

Une telle solution est inadmissible : l'intention bien certaine du législateur a été de soumettre le condamné conditionnel à l'aggravation de peine de la récidive, le cas échéant, c'est-à-dire si les deux condamnations réunissent les conditions exigées par les articles 57 et 58. C'est là le point essentiel. En prévoyant comme point de départ l'expiration ou la prescription de la peine, ces deux articles ont statué en vue des hypothèses normales (1) ; l'ensemble de la loi montre bien qu'ils n'ont pas exclu la troisième hypothèse, exceptionnelle où la peine n'a pu être subie parce qu'elle était suspendue. On peut dire que par suite d'une fiction légale, la suspension de la peine équivaut, à ce point de vue, à l'exécution elle-même.

231. — *Extradition.* — La condamnation, dépouillée de son caractère conditionnel, peut servir de base à une demande d'extradition (2), et cela quand même la condamnation révocatoire ne rentrerait pas dans les conditions des traités : il suffit en effet qu'elle donne à la première la force exécutoire qui lui manquait. Dans ce

---

1. Ainsi encore, on admet généralement, qu'au cas de remise de peine, le délai court du jour de la mesure gracieuse, bien que la durée de la peine ne soit pas expirée.

2. Elle ne l'aurait pu auparavant, car le jugement n'étant pas susceptible d'exécution, une telle demande aurait un caractère purement vexatoire (V. sur ce sujet et les difficultés qui peuvent se présenter, *Journ. de Droit Intern. privé*, 1893, p. 112).

cas, l'Etat requis réservera le droit de l'extradé à ne subir que la première peine.

SECTION II

Expiration de la période d'épreuve sans condamnation nouvelle.

232. — L'arrivée du terme de cinq ans, sans qu'une condamnation nouvelle, dans les conditions déterminées plus haut, soit intervenue pendant le délai, produit le double effet : 1° *de purger* la peine ; 2° *de rendre la condamnation « comme non avenue »* (art. 1er, § 2).

§ 1. — **La peine est purgée.**

233. — Le condamné, ayant rempli la condition prévue, est définitivement dispensé de subir l'emprisonnement ou d'acquitter l'amende suspendus. Il est dans la situation d'un condamné qui aurait prescrit l'exécution de sa peine. Aucune difficulté sur ce point.

§ 2. — **La condamnation est « comme non avenue ».**

234. — Elle n'est pas *abolie :* elle n'est effacée que dans l'*avenir.* Ce n'est donc pas une amnistie, mais bien plutôt une *réhabilitation* qu'obtient ainsi le condamné. Aussi peut-on dire qu'il y a là *une réhabilitation de plein droit ou légale.* Cette expression qui ne figure pas, il est vrai, dans le texte, a été employée dans la discussion de

la loi. Elle paraît adoptée par la pratique. Nous avons à en étudier les *conditions* et les *effets*.

I. — Conditions de la réhabilitation légale.

235. — *a).* — Elle est acquise de *plein droit*, par le fait seul de l'expiration du terme de cinq ans, dans les conditions requises.

Elle n'est donc soumise à aucune forme. Il n'est pas nécessaire de la mentionner en marge du jugement ou de l'arrêt (1).

b). — Elle est acquise, quand même le condamné se trouverait sous le coup d'une seconde condamnation n'ayant pas révoqué le sursis. Mais il est évident qu'elle sera sans effet sur les conséquences de celle-ci.

c). — Dans le cas où le sursis n'a porté que sur l'une seulement des deux peines d'amende et d'emprisonnement prononcées par le jugement, la réhabilitation légale serait-elle obtenue? Il paraît difficile de l'admettre : comment considérer *comme non avenue* une condamnation qui a produit un effet définitif et a été exécutée pour partie? Cependant, si la peine suspendue était l'emprisonnement, les incapacités et déchéances qui étaient attachées légalement à cette peine seule, semblent devoir cesser de produire leur effet.

d). — Enfin, dans l'hypothèse où la révocation du sursis ne pourra entraîner l'exécution de la peine parce que

____

1. Cf, art. 633. C. Instr. Cr.

celle-ci se trouve prescrite, la réhabilitation n'est pas obtenue, cela va de soi (1).

II. — Effets de la réhabilitation légale.

236. — La loi prend soin de préciser ses effets à l'égard du casier judiciaire et des peines accessoires (art. 4, § 2, art. 2, § 3).

Je crois qu'on peut dire d'une manière générale, par analogie de ces textes mêmes, que la réhabilitation légale produit, en principe, les mêmes effets que la réhabilitation judiciaire. Sans doute la formule : la condamnation sera « *comme non avenue* » paraît plus énergique que celle-ci « la réhabilitation *efface* la condamnation » (art. 634 C. Instr. Cr.). Mais ces deux réhabilitations ont été expressément comparées l'une à l'autre au cours des travaux préparatoires, qui révèlent l'intention du législateur de les assimiler quant à leurs conséquences (2). La condition résolutoire n'a donc pas, et ne pouvait avoir pour effet de remettre les choses au même état que si la condamnation n'avait pas existé, car enfin elle n'efface pas l'infraction. C'eût été créer une sorte d'amnistie (3) au profit du condamné conditionnel ; et on ne saurait l'admettre sans exagérer la pensée de la loi.

237. — Je me bornerai donc sur ce point à quelques

---

1. La révocation produit donc, malgré l'impossibilité d'exécution de la peine, un certain effet.

2. Cf. notamment, rapp. Bérenger, p. 17.

3. M. Laborde considère cependant qu'il y a là une sorte d'amnistie.

courtes observations, en renvoyant pour les détails, aux principes qui régissent la réhabilitation judiciaire (1).

A. — *Les peines accessoires et incapacités*, cessent d'avoir effet du jour où la condamnation aura été réputée non-avenue (Art. 2, § 3. Cf. art. 634. C. Instr. Cr.). La réhabilitation légale ne rétroagit pas dans le passé. Elle ne restitue donc pas le condamné contre les conséquences définitivement produites des peines accessoires ou complémentaires (2).

B. — La loi ne parle pas ici des *frais et dommages-intérêts*. Il est certain que la réhabilitation légale ne doit nuire ni au trésor ni aux tiers, qui conservent le droit de poursuivre respectivement le recouvrement de leur créance, s'ils n'ont été désintéressés, au besoin, en recourant à la *contrainte par corps* (3). Ce serait leur préjudicier que de leur refuser l'exercice de cette voie d'exécution. L'amnistie elle-même ne doit pas avoir un semblable effet.

C. — La condamnation n'est plus inscrite sur les extraits du Casier judiciaire délivrés aux parties (art. 4, § 2) et, ajoutons-le, aux administrations publiques (4).

---

1. V. Garraud, II, p. 169. Brégeault et Lagarde, *Traité de la réhabilitation*.

2. Faut-il étendre aux condamnés réhabilités légalement la disposition de l'art. 634, § 2, C. Instr. Cr. ? Je ne le crois pas. V. à ce sujet la note 2 p. 192 *infra*. Notons que la réhabilitation légale ne relève pas le condamné de la déchéance de la puissance paternelle (V. art. 14 de la loi du 24 juillet 1889).

3. *Contra*, Laborde, qui s'appuie sur le caractère pénal prépondérant qu'il attribue à la contrainte par corps.

4. Elles sont, en effet, dans la pratique actuelle, assimilées aux parties. Le projet de la loi sur le Casier judiciaire en décide autrement (art. 5). V. à ce sujet, Appleton, *loc. cit.*, p. 71.

Mais, et cela résulte *a contrario* du texte, elle continuera à figurer, avec la mention du sursis, sur les bulletins n° 2, destinés aux magistrats, qui doivent toujours être exactement renseignés, dans l'intérêt général, sur les antécédents des inculpés (1).

D. — Enfin, signalons, comme conséquence de cette réhabilitation, que la condamnation ne peut plus servir de base aux peines de la récidive, ni compter pour la relégation. Elle ne constitue plus un antécédent judiciaire légalement opposable au condamné (2).

---

1. Dans le silence de la loi, il est douteux que le réhabilité légalement puisse bénéficier de la disposition de faveur de l'art. 633, § 2 du C. d'Instr. Cr. (délivrance sans frais d'un extrait). Pour l'aff. Nègre et Gary, p. 92 et Dalloz, v° *Peine*, n. 291).

2. Au terme de l'article 634 C. Instr. Cr. le condamné réhabilité, qui, après une nouvelle condamnation, sollicite une seconde réhabilitation, doit subir un délai de 6 ou de 10 ans, suivant les cas. On s'est demandé si cette disposition serait opposable dans les mêmes hypothèses, au condamné réhabilité légalement? La négative paraît certaine : on ne saurait étendre au-delà des cas qu'elle prévoit, une disposition défavorable au condamné, et écrite d'ailleurs à une époque où la réhabilitation de droit n'existait pas. Il ne faut point d'ailleurs oublier que cette dernière expression n'a pas de valeur légale, et qu'ainsi l'article 634 ne peut s'étendre, par analogie, à une situation qui n'est pas désignée par la loi sous le nom de réhabilitation.

APPENDICE

C'est l'expérience seule qui permettra de porter un jugement définitif sur le système de la condamnation conditionnelle. Aussi, en cette matière, les enseignements de la statistique seront-ils particulièrement intéressants.

I. — En *France*, la loi est encore trop récente pour qu'il soit possible de tirer une conclusion quelconque des premières constatations faites. Il faut attendre l'expiration d'une première période quinquennale pour se rendre compte de l'effet moralisateur de la suspension.

Un premier rapport a été adressé au Garde des Sceaux sur l'application de la loi de 1891 pendant les trois premiers trimestres qui ont suivi sa promulgation (*Gaz. des Trib.*, du 28 août 1892).

Il constate que la loi nouvelle est entrée dès le début dans les mœurs judiciaires, mais que cependant les magistrats français semblent avoir accueilli les condamnations conditionnelles avec moins de faveur que les magistrats belges.

Il nous paraît inutile de relever les résultats de cette première statistique qui n'ont que fort peu de valeur puisqu'ils ne portent que sur une période de neuf mois.

II. — En *Belgique*, où le système fonctionne depuis plus longtemps, la statistique commence à fournir des indications intéressantes. Chaque année, conformément à l'article 10 de la loi de 1888, il est adressé aux Chambres un rapport sur son application.

Nous extrayons du dernier qui a paru (1) les renseignements suivants.

Depuis la mise en vigueur de la loi, sur 839,669 condamnations, il a été prononcé *86.207 condamnations conditionnelles.*

Le nombre des *rechutes constatées* est de *2.609.*

Ces résultats sont assurément encourageants. Il faut noter toutefois que les chiffres ci-dessus comprennent les condamnations conditionnelles prononcées par les tribunaux de simple police. Il est plus intéressant de rechercher les résultats de l'application de la loi dans le domaine des infractions correctionnelles (2), qui seules ont de l'importance au point de vue de la récidive.

En matière correctionnelle, sur 42, 704 condamnations conditionnelles, le nombre des *rechutes constatées* est de *2.162.*

Spécialement, pendant l'année 1892, sur 15.719 condamnations avec sursis prononcées par les tribunaux correctionnels, le nombre des *rechutes constatées* est de *1.106.*

Des tableaux de statistique très complets que nous

---

1. Rapport du ministre de la Justice sur l'exécution, pendant l'année 1892, de la loi instituant la libération conditionnelle et la condamnation conditionnelle (Chambre des représentants, séance du 18 août 1893, n° 291).

2. On sait qu'en Belgique, les condamnations conditionnelles ne peuvent être prononcées si la peine excède six mois de prison.

avons sous les yeux, il ressort que les tribunaux belges appliquent le sursis plus fréquemment aux condamnations à l'amende qu'aux condamnations à l'emprisonnement.

LOI DES 26-27 MARS 1891.

Sur l'atténuation et l'aggravation des peines.

Journ. off. du 27 mars 1891 (1).

ARTICLE 1ᵉʳ.

En cas de condamnation à l'emprisonnement ou à l'amende, si l'inculpé n'a pas subi de condamnation antérieure à la prison pour crime ou délit (2) de droit commun, les cours ou tribunaux peuvent ordonner par le même jugement, et par décision motivée, qu'il sera sursis à l'exécution de la peine.

Si pendant le délai de cinq ans à dater du jugement ou de l'arrêt, le condamné n'a encouru aucune poursuite suivie de condamnation à l'emprisonnement ou à une peine plus grave pour crime ou délit de droit commun, la condamnation sera comme non avenue.

Dans le cas contraire, la première peine sera d'abord exécutée sans qu'elle puisse se confondre avec la seconde.

---

1. *Travaux préparatoires* : Proposition au Sénat, par M. Bérenger, le 26 mai 1884 (Doc. parl. n. 159). Rapport sommaire de M. Mazeau, le 19 juillet 1885 (Doc. parl., n. 281. *Journ. off.*, p. 328). Prise en considération, le 31 juillet 1884. Rapp. de M. Bérenger le 6 mars 1890 (Doc. parl. n. 27. *Journ. off.*, p. 67). *Discussion* : Séances des 23 mai, 3, 10, 20, 27 juin, 4 juillet 1890.

Dépôt à la Chambre, le 10 juillet 1890 (Doc. parl., n. 810. *Journ. off.*, p. 1544). Rapport de M. Barthou, le 6 décembre 1890 (Doc. parl., n. 1067. *Journ. off.*, p. 463). *Discussion* : Séance du 3 mars 1891.

Retour au Sénat, le 6 mars 1891 (Doc. parl. n. 31). Rapp. de M. Bérenger, le 16 mars 1891. *Discussion* : le 19 mars 1891.

Renvoi à la Chambre le 19 mars 1891. Rapp. de M. Barthou. Déclaration d'urgence et adoption, le 21 mars 1891.

2. Le texte du *Journal officiel* porte : « crime et délit. » c'est une faute évidente d'impression.

Article 2.

La suspension de la peine ne comprend pas le paiement des frais du procès et des dommages-intérêts.

Elle ne comprend pas non plus les peines accessoires et les incapacités résultant de la condamnation.

Toutefois, ces peines accessoires et ces incapacités cesseront d'avoir effet du jour où par application des dispositions de l'article précédent, la condamnation aura été réputée non avenue.

Article 3.

Le président de la Cour ou du Tribunal doit, après avoir prononcé la suspension, avertir le condamné qu'en cas de nouvelle condamnation dans les conditions de l'article 1ᵉʳ, la première peine sera exécutée sans confusion possible avec la seconde; et que les peines de la récidive seront encourues dans les termes des articles 57 et 58 du Code pénal.

Article 4.

La condamnation est inscrite au casier judiciaire, mais avec la mention expresse de la suspension accordée.

Si aucune poursuite suivie de condamnation dans les termes de l'article 1ᵉʳ paragraphe 2 n'est intervenue dans le délai de cinq ans, elle ne doit plus être inscrite dans les extraits délivrés aux parties.

Article 5.

Les articles 57 et 58 du Code pénal sont modifiés comme suit :

Art. 57. — « Quiconque, ayant été condamné pour crime à une
« peine supérieure à une année d'emprisonnement, aura, dans
« un délai de cinq années après l'expiration de cette peine, ou sa
« prescription, commis un délit ou un crime qui devra être
« puni de la peine de l'emprisonnement, sera condamné au maxi-
« mum de la peine portée par la loi, et cette peine pourra être
« élevée jusqu'au double.

« Défense pourra être faite en outre au condamné, de paraître

« pendant cinq ans au moins, et dix ans au plus dans les lieux
« dont l'interdiction lui sera signifiée par le Gouvernement avant
« sa libération.

Art. 58. — « Il en sera de même pour les condamnés à un
« emprisonnement de plus d'une année pour délit, qui, dans le
« même délai, seraient reconnus coupables du même délit ou
« d'un crime devant être puni de l'emprisonnement.

« Ceux qui ayant été antérieurement condamnés à une peine
« d'emprisonnement de moindre durée commettraient le même
« délit dans les mêmes conditions de temps, seront condamnés à
« une peine d'emprisonnement qui ne pourra être inférieure au
« double de celle précédemment prononcée, sans toutefois
« qu'elle puisse dépasser le double du maximum de la peine
« encourue.

« Les délits de vol, escroquerie et abus de confiance seront
« considérés comme étant, au point de vue de la récidive, un
« même délit.

« Il en sera de même des délits de vagabondage et de mendi-
« cité.

ARTICLE 6.

La présente loi est applicable aux colonies où le Code pénal
métropolitain a été déclaré exécutoire, en vertu de la loi du
8 janvier 1877.

Des décrets statueront sur l'application qui pourra en être
faite aux autres colonies.

ARTICLE 7.

La présente loi n'est applicable aux condamnations prononc-
cées par les tribunaux militaires qu'en ce qui concerne les
modifications apportées par l'article 5 ci-dessus, aux articles 57
et 58 du Code pénal.

DEUXIÈME PARTIE

POSITIONS

DROIT ROMAIN

I. — La cohabitation des époux n'est pas essentielle pour
la formation des *justæ nuptiæ* : la tradition de la
femme *in domum mariti* suffit.

II. — L'intention d'aliéner chez le *tradens* et celle d'ac-
quérir chez l'*accipiens* suffisent à constituer la
justa causa traditionis.

III. — Dans les définitions de l'usufruit, les mots : « *salvá
rerum substantia* », signifient qu'un usufruit
véritable ne peut être établi sur les choses qui
se consomment *primo usu*.

IV. — La *querela inofficiosæ donationis* suppose seulement l'existence du préjudice ; il n'est point
nécessaire de prouver que le disposant a voulu
et prévu ce résultat.

DROIT CIVIL

I. — L'article 340 du Code civil qui autorise exceptionnellement la recherche de la paternité dans le
cas d'enlèvement, lorsque l'époque de cet enlèvement se rapportera à celle de la conception,

ne s'applique qu'au *rapt de violence,* et non au *rapt de séduction.*

II. — L'établissement à perpétuité sur un fonds d'un droit de chasse ou de pêche, au profit des propriétaires successifs d'un autre fonds, constitue une servitude personnelle prohibée par la loi, en faveur des dits propriétaires, et non une servitude réelle entre deux héritages pour l'utilité de l'un d'eux.

III. — La nullité de la vente de la chose d'autrui n'est pas couverte par la ratification que le véritable propriétaire aurait donnée à la vente ; ou par cette circonstance que le vendeur serait devenu propriétaire de la chose vendue.

IV. — Le contrat passé entre un avocat et son client est un louage de services et non un mandat.

PROCÉDURE CIVILE

La requête civile n'est pas admise contre les sentences des juges de paix.

DROIT CRIMINEL

Lorsque le Procureur général est appelé à poursuivre devant la première Chambre de la Cour d'appel l'une des personnes désignées aux articles 479, 483 du Code d'Instruction Criminelle, et 10 de la loi du 28 avril 1810, il a la faculté de requé-

rir une instruction préalable, et n'est pas tenu
d'agir par la voie de la citation directe.

DROIT COMMERCIAL

Un associé en nom collectif peut obtenir le bénéfice de
la liquidation judiciaire alors même que la société
dont il fait partie est déclarée en état de faillite.

DROIT INTERNATIONAL PRIVÉ

La naturalisation d'un mari français en pays étranger postérieurement à la célébration de son
mariage, ne fait pas perdre à sa femme la qualité de française alors même que la législation
du pays étranger attacherait à la naturalisation
un effet général et collectif.

Vu par le Président de la thèse,
R. GARRAUD.

Vu : Lyon, le 20 juillet 1894,
Le Doyen de la Faculté,
E. CAILLEMER.

Permis d'imprimer,
Lyon, le 23 juillet 1894,
Le Recteur de l'Académie,
E. CHARLES.

Imprimerie de l'Ouest, A. NÉZAN, Mayenne.